AF462094

LE

LIVRE DE L'OUVRIER.

LE LIVRE

DE

L'OUVRIER,

OU

CONSEILS D'UN COMPAGNON,

PAR

J. DAUBY,

OUVRIER TYPOGRAPHE.

(Ce Livre a valu à son auteur une Médaille d'honneur à l'Exposition d'économie domestique de Bruxelles, en 1856.)

BRUXELLES,

IMPRIMERIE DE TH. LESIGNE,

Rue de la Charité, 19, faub. de Louvain.

1857

Avant-Propos.

La condition économique des classes ouvrières fait depuis longtemps l'objet de préoccupations qui prouvent combien elle laisse à désirer, notamment dans les pays où l'industrie a fait le plus de progrès. Les événements des dernières années, la cherté exceptionnelle des vivres, les souffrances et les privations qu'elle a entraînées à sa suite, ont créé pour l'ouvrier un état d'existence anomal, auquel il importe d'apporter de prompts et puissants remèdes.

Absorbé par l'incessant souci de pourvoir à ses besoins quotidiens et à ceux plus pressants encore de sa famille, ses efforts demeureraient stériles, s'il restait livré à ses seules ressources, à sa seule initiative.

Des hommes éminents et bien placés pour apprécier les véritables besoins de l'ouvrier, ont compris cette vérité, et, en présence de l'insuffisance des tentatives individuelles, ont résolu de mettre en commun leurs lumières, leur expérience et leur zèle, par l'institution permanente d'un Congrès de bienfaisance, qui aurait pour mission essentielle de rechercher tous les moyens propres à améliorer la situation matérielle et morale des classes laborieuses.

Les objets qui ont fixé plus spécialement l'attention de ce Congrès, dans sa première réunion, qui a eu lieu à Bruxelles en 1856, se rapportent : 1° A l'alimentation ; 2° à l'habillement, à l'ameublement et à l'habitation ; 3° au perfectionnement des outils et des instruments de travail, ainsi qu'à l'assainissement des professions et à la prévention des accidents qui menacent les ouvriers.

Les organisateurs de cette œuvre de haute prévoyance sociale, pour lui donner une valeur plus grande, en même temps qu'un résultat immédiatement pratique, résolurent de faire coïncider la convocation du Congrès avec une *Exposition d'économie domestique*, dans laquelle se trouvaient réunis la plupart des objets spécialement à l'usage des classes ouvrières, tant sous le rapport matériel que sous le rapport moral.

Mais pour que cette œuvre remarquable à tant d'égards, atteigne complétement son but, l'artisan doit y aider de son côté et chercher à améliorer sa condition par une application suivie au travail, par une bonne conduite soutenue, et en écartant autant que possible toutes les causes qui peuvent le détourner de la bonne voie. Ouvrier moi-même et appréciant toute l'importance de ces généreux efforts, j'ai cru de mon devoir d'y contribuer pour ma part, dans la mesure de mes faibles moyens et de l'expérience que j'ai pu avoir acquise par une longue pratique de l'atelier.

Cette résolution m'a inspiré l'idée d'un livre destiné à diriger l'ouvrier dans la voie féconde dont je viens de parler ; — d'un livre qui, tout en lui traçant et en lui rappelant ses devoirs généraux et particuliers, l'éclairât sur la valeur de ses droits, d'une sorte de guide, enfin, qu'il pût consulter avec fruit dans toutes les phases de sa vie de labeur, et qui, en même temps, pût servir à inculquer à ses enfants les principes d'où doit dépendre leur avenir.

Je crois superflu de faire remarquer qu'en l'écrivant, je n'ai pas eu la prétention de m'ériger en pédagogue ou en censeur de mes compagnons de travail. Non, ce rôle, qui ne m'appartient au reste aucunement, a été loin de ma pensée ; j'ai tout simplement essayé de leur communiquer le résultat de l'étude que j'ai faite des travaux de quelques bons auteurs et surtout celui de mes observations et de ma propre expérience, pour les servir dans leurs plus chers intérêts, et sans autre motif que le plaisir que l'on éprouve à faire une bonne action. Puissent-ils apprécier la droiture de mes intentions et mettre à profit les conseils tout fraternels que renferme ce petit livre, que je me permets de leur dédier.

Pour qui connaît l'esprit assez frondeur de la classe laborieuse, l'entreprise de livrer cet opuscule à l'impression, peut paraître quelque peu téméraire. Je ne me fais à cet égard aucune illusion. Mais si je parviens seulement à toucher le cœur d'un seul ouvrier, à lui faire apprécier son devoir de vrai travailleur et de bon père de famille, je me croirais assez récompensé et je supporterai facilement les critiques que les vues que j'expose pourraient soulever.

I

DU CHOIX D'UN ÉTAT.

Les principes qui doivent guider dans le choix judicieux d'un état, sont plus nombreux qu'on ne le pense généralement, car ce choix doit non-seulement être subordonné à la position plus ou moins aisée de la famille, au milieu dans lequel elle vit, mais encore à la situation de l'industrie à laquelle on veut se vouer, à ses chances probables d'avenir. Ce choix constitue l'un des actes les plus importants de l'existence de l'ouvrier : aussi les parents ne sauraient-ils y apporter trop de soins et de sollicitude.

En règle générale, il est sage de ne point choisir son état sans recourir d'abord aux conseils de personnes compétentes, et, quand il est choisi, de ne pas en changer subitement, sans des motifs péremptoires. « Embrasser un état pour la plus grande utilité dont il peut être pour les besoins de sa famille et le choisir le plus respectable possible, a dit un auteur de grand mérite (1), est le fait

(1) M. Jules LABAUME, dans ses *Devoirs privés et sociaux*.

d'une intelligence droite et sensée; mais entreprendre plus qu'on ne peut, est une imprudence et une faute dont les conséquences compromettent toujours l'avenir. »

On court souvent risque de se tromper en consultant ce qu'on appelle *la vocation* de l'enfant pour le choix d'un état, car ce que l'on prend pour une vocation décidée, n'est la plupart du temps qu'un désir, une fantaisie qui ne résiste pas aux premières épreuves de l'apprentissage. Sans repousser absolument la tendance, le goût de l'enfant pour telle ou telle profession, on doit avant tout se laisser guider par les règles de la prudence. En général, l'enfant de l'ouvrier embrasse un état dans un âge encore trop tendre, pour qu'on puisse l'abandonner à son discernement.

Il n'en est pas de même de *l'aptitude*, c'est-à-dire de la disposition naturelle des enfants à faire une chose plutôt qu'une autre. Un bon père doit interroger discrètement les aptitudes de son enfant, et calculer, d'après elles, les chances de réussite que présente chacune des diverses professions entre lesquelles il a à opter. Lorsqu'il a mûrement arrêté son choix, il ne doit négliger aucun moyen pour diriger de ce côté les goûts de l'enfant, et pour lui faire envisager le travail non-seulement comme une nécessité indispensable à l'existence, mais encore comme un bien réel et un véritable plaisir.

La considération qui doit plus particulièrement déterminer le choix d'une profession, est sans contredit celle de l'avenir même des enfants. Malheureusement, il n'en est pas toujours ainsi. Les parents, n'ayant en vue que les nécessités du moment, sacrifient généralement cet avenir au profit immédiat qu'ils peuvent tirer de leur enfant. D'où il suit qu'il existe tant d'hommes qui n'ont aucune profession réelle, capable de leur procurer du pain d'une manière permanente et honorable. Aussi, quels que soient les avantages momentanés qu'offre tel ou tel état, l'ouvrier fera sagement de leur préférer des chances certaines d'occupation pour son enfant, lorsqu'il deviendra homme.

En règle générale, l'instruction est indispensable à toutes les professions. Dans tous les métiers, plus on est instruit, plus on devient habile travailleur. On ne sait jamais trop, on n'a jamais trop d'intelligence, si modeste que soit en apparence l'état que l'on exerce, sans excepter même les professions purement manuelles. De nombreux exemples vous disent qu'il arrive toujours un moment où le défaut d'instruction est le principal obstacle à l'élévation de l'ouvrier, et par conséquent à l'amélioration matérielle de sa position. Ces exemples me dispensent d'insister sur ce point. Le premier devoir des parents, quel que soit d'ailleurs l'état auquel ils destinent leurs enfants, est donc de leur donner une instruction aussi solide que possible, et avec le grand nombre d'écoles gratuites qui existent aujourd'hui, les parents ne doivent attribuer qu'à leur coupable insouciance l'ignorance de beaucoup d'enfants.

Il ne faut pas cependant tomber dans l'excès contraire. Tous, vous savez que l'ambition des parents est souvent une cause d'insuccès : portés qu'ils sont à voir des prodiges dans leurs enfants, ils regardent quelquefois plus haut qu'ils ne le devraient, et ne refléchissent pas que tel état ou telle profession exige des moyens qui dépassent leur modeste sphère. Malheureusement, ils ne s'aperçoivent de cette erreur que lorsque l'enfant est déjà à moitié chemin; obligés alors de revenir brusquement sur leurs pas, la vanité de l'enfant se trouve blessée, et cette circonstance le rend presque toujours impropre à la direction plus humble et plus pratique qu'on veut lui donner; il devient un mauvais ouvrier, mécontent de lui-même et des autres, et finit par constituer une charge accablante et souvent un danger pour la société.

Je vous en conjure donc, mes amis : avant de vous décider pour une profession, pesez bien toutes les conséquences de cet acte si grave pour vos enfants comme pour vous-mêmes; n'oubliez pas qu'en vous confiant le dépôt précieux d'une famille, Dieu vous a imposé l'obligation morale d'y veiller avec une constante sollicitude, de ne rien négliger pour faire de vos enfants des hommes honnêtes et vraiment laborieux.

Tous les métiers ne sont pas sans doute également utiles : mais tous, au moins, peuvent être exercés honorablement. Cela n'empêche pas qu'il ne faille réfléchir mûrement avant de se décider pour l'un ou pour l'autre. Le dicton populaire : *Il n'y a pas de sots métiers, il n'y a que de sottes gens,* est loin d'être toujours vrai ; il y a, au contraire, de très-sots métiers : ce sont ceux qui ne procurent pas une rémunération équivalente aux peines que l'on se donne, tout en n'offrant qu'une utilité douteuse pour le bien-être général ; ce sont encore ceux qui dépassent les moyens du travailleur pour acquérir les connaissances indispensables pour les exercer avec fruit et compléter leur apprentissage.

En principe, il est fort sage de continuer, autant que possible, la profession de ses parents. Rien au monde ne peut remplacer la sollicitude de ceux-ci lorsqu'il s'agit d'apprendre un état : par leurs conseils et leur exemple, les enfants trouvent, en quelque sorte, la route frayée pour leur établissement ; les enfants, en venant à leur tour en aide à leurs parents, se préparent à leur succéder au besoin. Les liens de famille, au lieu de se rompre, comme cela n'arrive que trop souvent aujourd'hui, se fortifient ; l'apprenti travaille sous les yeux de son père ; si celui-ci vient à mourir, la famille retrouve un chef, un guide et un soutien dans l'apprenti devenu ouvrier.

Ces considérations sont assez puissantes que pour y avoir égard dans tous les cas où la profession exercée par les parents présente des chances favorables pour assurer l'avenir des enfants. On comprendra d'autant mieux leur importance si l'on songe aux nombreuses difficultés que la généralité des ouvriers suscitent aux apprentis livrés à eux-mêmes, et en qui ils voient de futurs concurrents.

Il importe, toutefois, de bien peser la résolution que l'on prend à cet égard, car il est évident que si un père avait plusieurs enfants et si sa profession n'offrait pas assez de garanties pour pouvoir les occuper utilement pour leurs intérêts, comme pour les siens, il ne devrait pas hésiter à leur choisir un autre état que celui qu'il exerce.

Les motifs qui doivent déterminer le choix judicieux d'un état sont d'ailleurs subordonnés à trop de circonstances de temps, de lieux, de positions et même d'occasions, pour que l'on puisse exposer, pour chaque cas particulier, d'autres règles que celles rappelées dans cette rapide esquisse. Vous comprendrez parfaitement cela, camarades. Le point essentiel est de ne jamais perdre de vue, que votre avenir est intimement lié à la direction que vous donnerez à vos enfants. Efforcez-vous donc de faire de vos fils des hommes vraiment utiles et actifs, de vos filles des compagnes d'ouvriers capables d'inculquer à leur tour, à leurs enfants, les bons principes qui doivent assurer leur dignité et leur bien-être dans l'humble position où la Providence les a placés.

Avant de terminer ce chapitre, je dirai un mot de la résolution que prennent quelquefois certaines catégories d'ouvriers, de ne plus faire d'apprentis dans leur profession, ou du moins de ne plus y admettre des personnes étrangères à leur état.

Sans parler de l'illégalité d'une telle résolution, qui ne résiste pas au plus simple examen, et en n'envisageant que son côté moral, on ne tarde pas à se convaincre qu'elle est absolument dépourvue de bon sens et contraire à l'esprit de liberté sans lequel il n'y a pas de société possible. Elle dénote non-seulement beaucoup d'égoïsme, mais elle est encore opposée aux véritables intérêts des ouvriers eux-mêmes. En effet, lorsque d'ordinaire ils prennent cette résolution, c'est qu'il y a encombrement de bras. Mais ce même encombrement peut exister ailleurs : si, mûs par les mêmes motifs, les ouvriers des autres professions usaient de représailles, qu'aviendrait-il des enfants de ceux qui auraient donné le premier exemple de ce système d'exclusion? Pourraient-ils invoquer en leur faveur la liberté qu'ils refusent aux autres, et en frappant d'une sorte d'ostracisme leurs frères travailleurs, ne se frapperaient-ils pas, en quelque sorte, eux-mêmes? C'est qu'on ne peut méconnaître, en effet, sans danger les liens d'intime solidarité qui unissent forcément tous les membres de la classe ouvrière. Violez cette solidarité, essayez de parquer, pour ainsi dire, chaque profession dans son cercle nécessairement limité, et voyez les conséquences ! Supposons un atelier de dix ouvriers. Sur ce nombre, il y en a au moins cinq de mariés. Que chacun de ceux-ci ait, en moyenne, trois enfants, cela fera donc quinze travailleurs qui viendront partager la besogne insuffisante déjà pour occuper les dix premiers. Apercevez-vous, camarades, les conséquences d'un tel état de choses ? Comprenez-vous quelles luttes et quelles souffrances il doit engendrer ?

Croyez-le bien : il arrive toujours un moment où une profession atteint la limite extrême de son développement, de manière à dépasser les besoins présents, et alors il faut nécessairement qu'elle se transforme ou diminue ses produits, quelques efforts que l'on fasse pour retarder cette crise suprême. La force ou le courant des choses amène inévitablement ce résultat : l'ouvrier n'a pas besoin d'y concourir et de le précipiter en quelque sorte par des interdictions dont il pourrait être la première victime.

II

DU CHOIX DE L'ATELIER.

A beaucoup d'égards, l'atelier peut être considéré par l'ouvrier comme une seconde famille. On comprend, dès lors, la haute importance qu'il y a pour lui à le bien choisir. C'est dans l'atelier que l'ouvrier passe la plus grande partie de sa vie, c'est là qu'il reçoit presque toutes ses impressions ; son influence morale est souveraine sur toutes ses actions, et autant un bon atelier (on sait ce que j'entends par ce mot) améliore la conduite d'un homme naturellement pervers ou enclin à de mauvaises habitudes, autant un mauvais atelier séduit et corrompt l'ouvrier jusque là rangé et laborieux.

Je ne l'ignore pas : la situation de l'industrie et les fluctuations du travail ne permettent pas toujours de choisir tel atelier plutôt que tel autre ; on est souvent obligé de prendre ce que l'on trouve, heureux encore lorsque l'occasion ne se fait pas trop attendre. Mais, remarquez-le bien, à de rares exceptions près, cette position n'est que transitoire; en d'autres termes, elle ne dure qu'un certain temps : l'ouvrier rangé et habile parvient presque toujours à se placer dans une maison convenable, car les bons compagnons se recherchent, et les patrons véritablement soucieux de leurs intérêts savent, sous ce rapport, non-seulement les apprécier, mais encore séparer la bonne semence de l'ivraie, en bannissant de chez eux les gens qui sont d'un fâcheux exemple.

Évidemment, lorsqu'on est à l'atelier, c'est pour travailler et non pour causer et pour boire. Tâchez donc, de préférence, de vous faire admettre dans un établissement où règne une discipline sévère pour tout ce qui concerne le bien-être des travailleurs et la bonne exécution de la besogne, et où, sauf au goûter, la bière est proscrite. Fuyez ceux où l'on tolère l'usage des boissons alcooliques ; fuyez surtout ceux où l'on chôme d'ordinaire le lundi. N'écoutez point ceux de vos camarades qui vous diront le contraire, qui voudraient vous entraîner par leur exemple, et vous pousseraient ainsi insensiblement sur la pente de la misère, en vous enlevant toute considération. Évitez tout reproche de ce chef de la part de vos patrons : c'est le meilleur moyen de faire valoir votre dignité d'homme aux yeux de ceux qui pourraient la méconnaître. — Trop de liberté, pendant le travail, nuit à l'ouvrier plus qu'il ne pourrait le croire : il contracte facilement des habitudes déréglées, dont il a ensuite beaucoup de peine à se défaire. Mais, en général, il ne comprend pas que là réside son bien-être, son véritable intérêt : il croit avoir tout gagné, quand il a introduit furtivement dans l'atelier une cruche de bière ou une bouteille de genièvre, dont le coût, dans bien des circonstances, aurait donné du pain à sa famille, ou servi à solder quelques-unes de ses petites dettes.

S'il est malheureusement encore beaucoup d'ateliers où le déplorable usage des *bien-venues*, des *fêtes* et notamment des *amendes* affectées aux libations, s'est perpétué, on ne peut méconnaître que leur nombre diminue de jour en jour, et l'un des faits les plus significatifs de l'amélioration morale des classes laborieuses en Belgique, est, sans contredit, celui de l'abolition presque générale dans toutes les professions des *droits* aussi odieux qu'arbitraires, de *première banque*, de *compagnonage*, de *demi-compagnonage*, etc. Le payement de ces prétendus droits, qui s'élevaient dans un grand nombre de métiers de 15 à 20 francs, était presque toujours l'occasion des plus déplorables excès. Dernier vestige des anciens corps de métiers, cet usage avait traversé le tourbillon des révolutions politiques et industrielles sans s'affaiblir sensiblement : il cède aujourd'hui peu à peu devant le bon sens de l'ouvrier, qui comprend de plus en plus combien il était contraire à ses plus chers intérêts matériels et moraux. C'est aux patrons surtout qu'il appartient de le proscrire ou de le transformer définitivement, car l'ouvrier est parfois impuissant à s'y soustraire sans être en butte à la malveillance et aux sarcasmes de certains de ses compagnons, qui presque toujours, s'il résiste, lui suscitent des entraves dans l'exécution de sa besogne, et s'efforcent même de le faire renvoyer. Il faut réellement avoir passé par cette filière pour comprendre tout ce qu'a d'odieux la conduite des ouvriers qui exigent le payement d'une bien-venue ou d'un prétendu droit quelconque, d'un malheureux quelquefois depuis longtemps sans besogne, et dont la famille est souvent dans le dénûment le plus extrême. J'ai eu l'occasion de remarquer que même des ouvriers au cœur généreux en toute autre circonstance, d'un dévouement fraternel éprouvé, étaient inexorables sous ce rapport, tant cette coutume avait prise de racines profondes chez eux.

Je vous le demande, camarades, votre conscience ne doit-elle pas se révolter de ces exactions, de ce déplorable usage qui ne profite réellement à aucun de vous, et qui cause un si grand préjudice à celui qui doit y contribuer? Songez-y; l'ouvrier rentrant doit prendre toujours le montant de sa bien-venue sur sa première semaine ou quinzaine, c'est-à-dire sur celle qui lui est le plus défavorable, non-seulement parce que n'étant pas familiarisé avec les habitudes de son nouvel atelier, il gagne moins que ses camarades dans les commencements, mais encore parce que le changement d'atelier occasionne une perte de temps souvent considérable, et qu'en attendant il contracte des dettes qu'il espère vainement payer avec le produit de son premier travail.

Je ne parle pas ici des *parties* auxquelles donnent lieu les bien-venues, ni des interminables *reconnaissances* qui en résultent : vous savez ce qu'il en est. Presque toujours elles sont l'occasion d'une *ribotte*, où l'on perd à la fois son temps, sa santé, son argent et souvent sa place.

Ah ! puisse ce court exposé ouvrir les yeux à la plupart d'entre vous, et vous convaincre des déplorables conséquences d'une habitude dont vos intérêts les plus précieux réclament impérieusement la réforme ou tout au moins la transformation.

Cette transformation pourrait s'opérer de diverses manières, selon la nature des établissements et des services qui y sont organisés. Arrêtons-nous un moment à la suivante, qui rencontrerait une facile application et qui serait, sans contredit, la plus féconde en bons résultats.

Comme nous le verrons plus loin, un grand nombre d'associations de secours mutuels sont maintenant établies en Belgique dans presque toutes les professions manuelles, en vue d'accorder des secours à leurs membres en cas de maladies, d'accidents, etc. Il ne dépend sans doute que de l'ouvrier d'y participer, lorsqu'il réunit d'ailleurs les conditions d'admission exigées. Mais il est un autre genre d'association qui fait pour ainsi dire complétement défaut : ce sont les associations pour obvier au chômage résultant de l'insuffisance de travail, cette plaie presque sans remède pour un grand nombre d'industries et qui entraîne des conséquences pour le moins aussi désastreuses que les maladies pour la classe ouvrière. Le manque de sociétés de cette nature s'explique par les difficultés d'organisation et d'administration, par l'impossibilité où l'on se trouverait souvent, si l'on ne travaille pas dans l'établissement même, de constater si le chômage est réellement la conséquence du défaut de besogne, ou s'il faut l'attribuer à la paresse ou à d'autres vices. Mais cette difficulté d'administration d'une société comprenant les travailleurs d'un certain nombre d'établissements divers, disparaîtrait sans aucun doute en en appliquant le principe à chaque atelier en particulier. Eh bien, supposons que des ouvriers d'un même établissement s'imposent chaque semaine une légère cotisation (par exemple, le montant de ce qu'ils consacrent aux fêtes, aux reconnaissances, etc.) pour obvier aux maux qu'entraînent pour eux le chômage. Pour participer aux bienfaits de cette institution, rendue obligatoire par les patrons, les nouveaux admis dans l'atelier seraient astreints à payer dans un délai à fixer, sous forme de bien-venue, si l'on veut, une somme en rapport avec l'avoir commun, et qui constituerait leur affiliation à la caisse. Ainsi se trouverait transformée en une institution d'une utilité incontestable, l'une des coutumes les plus déplorables dans ses conséquences pour la classe laborieuse.

Sans vouloir m'appesantir ici sur les nombreux avantages qui résulteraient de la création d'une semblable ressource pour les mauvais jours, je me bornerai à appeler la sollicitude des camarades de bonne volonté sur cette importante réforme, et sur les nombreuses et utiles applications dont elle est susceptible.

III

DE L'ENTRÉE ET DE LA CONDUITE DANS L'ATELIER.

Lors de son admission dans un atelier ou une fabrique, l'ouvrier doit d'abord s'enquérir de la marche des travaux, des heures d'entrée et de sortie, des intervalles de repos, et notamment du mode de travail, de manière à s'y conformer le plus promptement possible. S'il existe un règlement d'ordre intérieur, il doit en prendre connaissance avec attention, et s'efforcer d'en observer rigoureusement les prescriptions. Il doit ensuite s'attacher à connaître les endroits où se placent d'ordinaire les objets dont il peut avoir besoin pour l'exécution de son travail. Ces points, quoique élémentaires et familiers, ne sont cependant pas toujours observés : il s'ensuit que des ouvriers réellement capables, donnent quelquefois ainsi une opinion très-médiocre de leur savoir dans les commencements, par les tâtonnements inséparables de l'inobservance de ces mêmes principes. Tout en examinant la manière de travailler de ses compagnons, l'ouvrier doit encore s'efforcer de bien exécuter les travaux qu'on lui confie et y mettre toute la diligence possible. Il ne doit pas perdre de vue qu'on le juge souvent sur ses premières œuvres, qui servent, dans beaucoup d'établissements, à déterminer le taux de son salaire; il ne doit pas oublier surtout qu'il parvient difficilement à détruire l'effet que produit une première impression. Quels que soient ses efforts pour se réhabiliter aux yeux de ses maîtres prévenus défavorablement, il n'y parvient que très-rarement, parce qu'ils sont portés, par son début, à éplucher sa besogne pour y trouver des défauts qu'autrement ils n'y auraient peut-être pas rencontrés.

Il est essentiel aussi de faire régulariser le plus tôt possible son livret : outre les peines que la loi prononce contre ceux qui transgressent ses prescriptions à cet égard (1), vous savez, camarades,

(1) La plupart d'entre vous ignorent complétement à quels désagréments et à quelles peines sévères ils s'exposent en négligeant de faire régulariser leur livret. La loi du 6 mars 1818, confirmée par celle du 10 novembre 1845, sur les livrets d'ouvriers, commine une amende de 10 à 100 florins et même un emprisonnement de 1 à 14 jours, contre les infractions de ce chef, et d'après leur caractère de gravité. Les patrons eux-mêmes ne connaissent pas tous le dispositif de la loi du 22 germinal an XI qui nous régit encore, et par lequel nul individu employant des ouvriers ne peut recevoir un apprenti sans congé d'acquit, sous peine de dommages-intérêts envers son maître, ni, sous les mêmes peines, recevoir un ouvrier, s'il n'est muni d'un livret portant l'acquit de ses engagements, délivré par celui de chez qui il sort. — Les uns et les autres ne sauraient donc être trop prudents en cette matière.

que le livret seul offre au patron une garantie certaine que l'ouvrier qu'il admet chez lui est réellement digne d'être occupé, qu'il a quitté honorablement son ancien maître; non-seulement il constitue une véritable sauvegarde pour leurs droits respectifs, mais il est encore une feuille de route et une sorte lettre de crédit pour l'ouvrier, en ce sens que, dans un moment de malaise, il peut, au moyen de son livret, obtenir des avances de son patron.

Une fois admis dans l'atelier, le premier point sur lequel je me permettrai d'appeler votre attention, est la nature de vos relations journalières avec vos supérieurs, vos égaux et vos inférieurs. Je ne saurais trop vous recommander, avant toute chose, d'être poli envers chacun : on gagne tout par la politesse et l'honnêteté; on perd toujours en usant de procédés grossiers, même avec ses inférieurs, et c'est cependant le côté par lequel pèchent un grand nombre d'ouvriers; c'est là que réside principalement le secret des haines qu'ils soulèvent parmi leurs compagnons, haines que rien ne justifie en apparence, mais qui n'en sont que plus vivaces. Les causes de cet état de choses s'expliquent sans aucun doute par le défaut d'éducation assez général chez certaines catégories de travailleurs, et par le peu de soins qu'ils mettent à s'observer, à se rendre un compte bien exact de la portée de leurs paroles et de leurs actions. Le milieu dans lequel ils vivent et surtout la tolérance ou plutôt l'insouciance de beaucoup de maîtres n'y sont pas étrangers non plus, et, à cet égard, il serait vivement à désirer que les patrons proscrivissent de leurs ateliers, par des règlements sévères, les propos grossiers qui déconsidèrent celui qui se les permet, en même temps qu'ils sont d'un fâcheux exemple pour les autres ouvriers, notamment pour les jeunes gens qui se les approprient infiniment plus vite que les principes de leur état ; ces propos exercent, en outre, une influence défavorable sur la marche des travaux, provoquent des discussions sans fin, aigrissent toujours les ouvriers les uns contre les autres, et amènent parfois des voies de fait regrettables.

Le respect n'exclut ni la fermeté ni la raison : au contraire, il est le plus puissant auxiliaire du bon droit. En règle générale, soyez donc respectueux et obéissants envers vos supérieurs, pour tout ce qui a rapport au travail. Avant de leur répondre, pesez, autant que possible, la portée de vos paroles : les choses en apparence les plus insignifiantes peuvent les indisposer contre vous, et l'on paye quelquefois bien chèrement un propos inconsidéré. Ne tournez jamais en plaisanterie les ordres ou les conseils que vous pourriez recevoir ; gardez-vous surtout de ridiculiser les mesures que l'on prend pour assurer la bonne et rapide exécution de la besogne. L'ouvrier est fréquemment porté à critiquer les innovations introduites dans l'atelier sous le rapport de l'ordre et de la discipline, et méconnaît inconsidérement par là ses plus chers intérêts. Les mesures qu'il qualifie d'arbitraires, d'attentatoires à sa liberté d'action, il oublie le plus souvent que c'est lui qui les a provoquées par des infractions multipliées au règlement de la maison ; et cette circonstance est d'autant plus fâcheuse, d'autant plus regrettable, que presque toujours alors le bon pâtit pour le mauvais. Cette confusion constitue sans doute une faute grave de la part des patrons et un écueil que bien peu d'entre eux savent éviter, car pour que leur autorité soit réellement respectée, il ne suffit pas qu'elle soit équitable, mais il importe qu'on la croie telle. Tout en s'appliquant à ne frapper que les coupables, ils doivent surtout prendre garde de se laisser influencer par les préventions, les sollicitations et les intrigues; il faut qu'à leurs yeux il n'y ait point d'acception de personnes; qu'en un mot, et toujours, ils sachent reconnaître et distinguer les plus dignes. En agissant ainsi leurs intérêts y gagneraient à coup sûr, et la considération qu'on leur doit ne pourrait qu'augmenter. Ce n'est pas non plus en se fâchant contre l'ouvrier et en le réprimandant sans cesse qu'on l'amène à bien faire, ni à mieux faire. C'est là un détestable moyen, qu'aucun patron, certainement, n'a eu à se louer d'avoir employé. Jamais les éclats ni les injures n'auront l'ascendant de la persuasion à l'aide de conseils donnés tranquillement, mais avec la fermeté nécessaire pour se faire obéir. Les premiers, par cela même qu'ils impliquent de la violence et de l'emportement, portent une atteinte grave à l'autorité du maître, qui alors n'est plus respecté ni aimé, mais seulement *craint*, ce qui entraîne une différence notable dans la besogne qu'on lui produit, tout comme dans l'intérêt qu'on lui porte.

Nous aborderons maintenant, camarades, un point non moins délicat : celui relatif à la conduite que vous devez tenir envers vos collègues. En principe, je ne saurais trop vous recommander de recevoir toujours avec reconnaissance les conseils que pourraient vous donner vos aînés ou ceux de vos compagnons plus entendus que vous-mêmes pour tout ce qui concerne l'exécution de la besogne : vous ne sauriez vous imaginer le tort que vous fait à cet égard une trop grande susceptibilité, un excès d'amour-propre ; c'est cependant là le défaut capital d'un grand nombre d'ouvriers qui s'aigrissent et s'offensent à la moindre observation relative à leur travail. D'un autre côté, si vous êtes plus capables que vos camarades, ne faites jamais parade de votre supériorité : en les mortifiant sans profit pour vous-mêmes, vous vous créez d'implacables ennemis, qui ne manqueront pas de vous nuire à l'occasion, et qui se feront, dans tous les cas, un cruel plaisir de vous faire sentir vos propres fautes, car tous nous sommes également sujets à faillir. Tâchez, au contraire, et cela sans ostentation, de les guider dans leur travail, de leur venir en aide dans les moments difficiles : vous vous attirerez ainsi leur reconnaissance, et, de plus, vous vous ferez favorablement remarquer par vos patrons, qui, flattés de ce que vous comprenez si bien leurs intérêts, ne manqueront pas de vous en tenir compte à l'occasion. C'est particulièrement pour les nouveaux venus dans l'atelier qu'il ne faut pas vous montrer avares de conseils et des leçons de votre expérience. Il n'arrive que trop souvent qu'ils soient mal reçus : d'abord, parce qu'ils viennent parfois partager une besogne déjà insuffisante pour occuper, d'une manière permanente, les anciens ; ensuite, parce qu'ils mettent obstacle à certaines espérances d'avancement et provoquent ainsi des jalousies. C'est peut-être une raison de plus pour leur tendre une main amie ; car à chaque pas on leur suscitera des difficultés ; on cherchera, par tous les moyens possibles, à les faire déguerpir. J'ai été parfois témoin de ces petits actes de tyrannie qui échappent à toute répression, de cette opposition sourde et taquine devant laquelle viennent se briser les plus louables efforts, et qu'il faut avoir vus de près pour comprendre tout ce qu'ils ont d'odieux. Cependant, camarades, si vous vous donniez la peine de réfléchir que demain peut-être le manque de travail, une difficulté imprévue, des circonstances malheureuses, peuvent vous obliger à chercher un autre atelier, et que vous vous trouverez forcément ainsi dans une position semblable, seriez-vous contents si l'on vous suscitait, à votre tour, ces mille tracasseries dont vous rendez quelquefois les complices? Non, sans doute, et naturellement vous vous révoltez à cette idée. Tâchez donc de considérer les autres comme vous-mêmes, et traitez-les comme vous voudriez qu'on vous traitât en pareille occasion; faites une guerre permanente aux sentiments égoïstes et hostiles qui fermentent dans votre cœur : vous vous en trouverez bien, croyez-moi, malgré ce que ces bons procédés pourraient avoir en apparence de contraire à vos intérêts privés. Il y a un vieux proverbe qui dit « que le soleil luit pour tout le monde. » Il me paraît ici d'une très-heureuse application par le grand sens qu'il renferme, surtout lorsqu'on y joint ce sublime commandement, dont on ne saurait trop se pénétrer : « Ne fais pas à autrui ce que tu ne voudrais pas qui te fût fait à toi-même. »

Il est encore une autre recommandation que je crois devoir vous faire. J'ai vu trop souvent les effets déplorables que produisent les cancans d'atelier, pour ne pas vous conseiller de les éviter avec un soin très-scrupuleux. Rien n'est plus malséant que de blâmer la manière d'agir de vos compagnons et surtout de vous immiscer dans leurs affaires privées. Il n'est pas prudent non plus de se faire l'écho des bruits injurieux qui pourraient circuler sur leur compte ou sur celui de leur famille : tôt ou tard, il pourrait en résulter des scènes désagréables, et vous éprouveriez alors un amer repentir d'avoir rempli ce rôle indigne d'un honnête homme et d'un bon confrère.

Peu d'ouvriers sont exempts de ce défaut : on se laisse si vite entraîner à de petits bavardages sur le compte de ses camarades ! Tant d'intérêts, tant de passions diverses sont ici en jeu : l'envie, l'égoïsme, le désir secret de leur causer du tort, et par-dessus tout *le plaisir* de dire du mal de son prochain, sont de si puissants auxiliaires pour vous faire tomber dans le défaut de *ces petits coups de langue* qui détruisent les réputations les mieux établies et dont la perfidie entraîne souvent des conséquences désastreuses pour les hommes les plus estimables !

Chacun de nous a sans doute ses défauts, ses torts, dont les autres ont souvent à souffrir. Il faut donc savoir pardonner à propos, car tel qui s'indigne contre un manque d'égards, contre une indélicatesse de sentiments ou de procédés, se calmerait bien vite, et reviendrait à de meilleurs sentiments, s'il voulait se rappeler qu'il a plus d'une fois manqué d'égards envers ses camarades ; que même il s'est montré, dans quelques occasions, inflexible, dur, égoïste, et qu'il a froissé bien des cœurs avant d'être blessé lui-même. Tel autre, dont on vient d'humilier les prétentions, se laisse emporter à son ressentissement, et ne veut pas considérer qu'il a bien souvent ridiculisé chez les autres les mêmes faiblesses et les mêmes fautes qu'on lui reproche.

Ne l'oubliez pas : dans l'atelier plus qu'ailleurs, on se presse trop d'accuser, de condamner ; on ne se donne pas la peine de réfléchir ; on exagère, on envenime l'intention, on fait une grosse affaire de la moindre offense. Sous prétexte d'égalité de position ou de savoir, on se dit des choses très-désagréables ; on en a bien ensuite intérieurement du regret, mais le mal est fait et l'on s'est créé d'irréconciliables ennemis.

Ces différents points m'amènent, camarades, à vous parler des devoirs et des droits de l'ouvrier envers ses compagnons, envers ses maîtres et envers son pays.

IV

DES DROITS ET DES DEVOIRS DE L'OUVRIER.

—

En même temps qu'il a des droits à revendiquer, l'ouvrier a aussi des devoirs à remplir. De quelque manière qu'on définisse les uns et les autres, on peut toujours les ramener aux deux points fondamentaux suivants :

1° Non-seulement ne point nuire, mais encore être utile aux autres. — Voilà le DEVOIR.

2° Empêcher que les autres ne nous nuisent, et s'efforcer de nous les rendre utiles. —Voilà le DROIT.

Le code des travailleurs, et je dirais presque toute la loi morale reposent sur ces deux préceptes excessivement simples et pourtant si souvent méconnus. On peut affirmer que c'est à leur inobservation seule que sont dues toutes les divisions et les querelles qui tourmentent les hommes, qui ne veulent pas toujours comprendre que si la société impose aux autres l'obligation de ne pas leur porter préjudice, elle les oblige également à ne poser aucun acte contraire aux intérêts d'autrui ; cette obligation mutuelle résume en quelque sorte toute la pratique des droits et des devoirs.

Dans les relations journalières de l'ouvrier avec ses semblables, il s'élève mille contestations qui ne sont pas toujours aplanies selon les règles de la raison et du bon sens, parce qu'on s'entête réciproquement et qu'on méconnaît trop ses propres devoirs pour se souvenir des droits des autres ; en un mot, parce qu'on perd souvent de vue la loi de réciprocité et de solidarité qui doit unir tous les travailleurs. Aujourd'hui, si tous les ouvriers ne s'aiment pas encore également entre eux, c'est que tous ne sont pas frappés de cette loi de réciprocité, dont ils ressentent pourtant les effets bienfaisants sans pouvoir se rendre compte de la manière dont ils se manifestent. On peut admettre, il est vrai, comme excuse, les souffrances que beaucoup endurent, les contrariétés qu'ils éprouvent, et qui ne leur laissent pas assez de calme pour regarder hors d'eux-mêmes. Tel ouvrier qualifié d'égoïste par ses compagnons, n'est souvent qu'un malheureux qui cède à des exigences impérieuses, dont il ne veut pas étaler le secret aux yeux de ses confrères. Tel autre, qualifié de grossier, de brute, n'est au fond qu'un pauvre hère à qui les bienfaits de l'éducation ont fait défaut, et qui ne trouve chez les siens et dans la société qu'il fréquente, que des enseignements déplorables. Il faut s'efforcer de ramener ces hommes égarés, de relever ces natures abruties, d'apporter un baume consolateur à ces âmes souffrantes. Et qui mieux que leurs compagnons de travail pourrait se charger de cette mission de salut et de véritable charité? Nous n'en voulons d'autre preuve que l'exemple de ces touchants sentiments de bonne fraternité qui caractérisent les ouvriers de certaines professions, qui, après lui être venu en aide pendant la vie, accompagnent leur confrère malheureux jusqu'à la tombe. Quel contraste avec les travailleurs d'autres catégories, dont l'existence n'est qu'un perpétuel antagonisme !

Nous venons de prononcer ce mot de *fraternité* dont on a fait un si fâcheux abus. Si elle doit se trouver quelque part, c'est évidemment chez les ouvriers qu'on devrait la rencontrer dans toute sa vérité et avec toutes ses conséquences. Le besoin de s'entr'aider, qui en forme l'essence, est certes pour les ouvriers un besoin de tous les instants. Les uns ne peuvent rien sans les autres. C'est par l'association de leurs forces et de leurs intelligences que s'accomplissent ces labeurs pénibles, patients et obscurs sur lesquels repose l'existence humaine et s'élèvent ces merveilles de l'industrie qui sont la gloire du siècle qui les a vu naître; c'est par l'union de leurs bras qu'ils peuvent s'assurer mutuellement le pain de chaque jour. L'infériorité relative des travailleurs de certaines catégories disparaîtra sans aucun doute, au moins en grande partie, à mesure qu'ils comprendront mieux les avantages de cette communion intime, qu'ils échangeront leurs idées, qu'ils s'apprécieront et se respecteront comme ouvriers et comme hommes, qu'ils s'inspireront une mutuelle estime, car de l'estime à cette aide de tous les instants dont nous parlions tout à l'heure, il n'y a qu'un pas.

La mise en pratique des quelques préceptes qui vont suivre, aideront puissamment à le franchir.

— Tendre une main amie et secourable à ses compagnons dans tous les moments critiques où ils peuvent se trouver, alors surtout qu'ils sont en peine par suite de circonstances indépendantes de leur volonté.

— Être indulgent pour leurs fautes, lorsqu'elles n'impliquent pas de la malveillance. Dans le cas contraire, les combattre résolûment.

— Être bon et serviable à l'égards de tous ses confrères, et leur prêter l'appui de ses conseils pour la bonne et prompte exécution de la besogne.

— Ne point exiger d'eux des sacrifices pécuniaires, sous forme de bien-venue, d'amende ou de condamnations quelconques.

— Ne jamais médire de ses collègues.

— Ne point se moquer de leurs travers et de leurs infirmités.

— Éviter de leur donner des sobriquets.

— Ne jamais tourner en dérision ni leurs actes ni leurs paroles.

— Se bien garder de porter quelque atteinte que ce soit, directe ou indirecte, à leur liberté et à leur volonté de travailler.

— Éviter de les entraver dans l'exercice de leurs devoirs et s'efforcer au contraire de leur en faciliter l'accomplissement.

— Enfin, les aimer comme soi-même et leur témoigner toujours l'estime qu'on voudrait obtenir pour soi.

Les devoirs des ouvriers correspondent aux droits des patrons, et les devoirs de ceux-ci sont les corrélatifs des droits des ouvriers. Ils peuvent également se résumer en quelques préceptes généraux.

1° Pour l'ouvrier :

Il doit obéissance aux ordres de son maître, non-seulement lorsqu'il s'agit de la besogne en vue de laquelle il a été plus spécialement admis dans l'atelier, mais encore dans tous les cas où les travaux qui lui sont commandés ne sont pas au-dessus de ses forces et de son savoir.

— Il lui doit le respect. Ce respect, il le manifestera non-seulement à lui-même, mais encore à sa famille, à ses pratiques et aux personnes chargées de la surveillance des travaux qu'il fait exécuter.

— Il lui doit un travail consciencieux, c'est-à-dire qu'il agira toujours en faisant sa besogne, comme si l'œil du maître était fixé sur lui.

— Il aura à cœur les intérêts de son maître comme les siens propres. En d'autres termes, il doit :

— Employer avec toute l'économie possible les matériaux qu'on lui confie ;

— Éviter de perdre du temps mal à propos, alors surtout qu'il travaille à la journée ;

— Être exact aux heures d'entrée à l'atelier ;

— Ne jamais déprécier l'ouvrage qui sort de chez son maître, n'importe par quel ouvrier il est fait ;

— Ne jamais s'approprier aucun objet de l'atelier, de quelque infime valeur que soit cet objet, ni s'en servir à son usage personnel, sans autorisation ;

— Respecter les mesures que prend son patron pour assurer la bonne et prompte exécution de la besogne.

— Il ne doit jamais s'ériger en censeur de la conduite et des actes de son patron. Si ceux-ci sont contraires à l'honneur et à la probité, il ne doit pas hésiter à sacrifier sa position et à quitter l'atelier.

— Il ne peut mettre obstacle à la volonté des autres ouvriers de travailler, ni jamais vouloir imposer sa volonté au patron, soit dans l'exécution de la besogne, soit dans le choix de ses ouvriers. Si le patron est libre d'employer qui bon lui semble, l'ouvrier est aussi libre, individuellement, de se pourvoir de besogne autre part, s'il ne sympathise pas avec quelqu'un de ses compagnons.

— Dans aucun cas, l'ouvrier ne peut méconnaître l'autorité de son patron, ni, pendant les heures de travail, s'absenter de l'atelier sans autorisation.

— Enfin, dans toutes les circonstances, il doit agir avec la loyauté et l'impartialité d'un honnête homme.

2° Pour le patron :

— Il doit toujours accorder à ses ouvriers un salaire en rapport avec la nature de leurs travaux, avec leurs capacités et la responsabilité qui pèse sur eux, et avoir égard, autant que possible, aux circonstances dans lesquelles ils se trouvent.

— Il ne doit négliger aucun moyen pour garantir leur santé et leurs forces, notamment quand la profession présente un caractère d'insalubrité ou entraîne une fatigue plus ou moins grande.

— Il doit prendre les précautions nécessaires pour prévenir toute espèce d'accidents, notamment dans la manœuvre des machines.

— Il doit veiller à ce que la dimension des ateliers soit proportionnée au nombre d'ouvriers qui y sont occupés et y établir un bon système de ventilation et de chauffage.

— S'il emploie des ouvriers des deux sexes, il faut, autant que possible, qu'ils occupent des locaux distincts et entièrement séparés.

— S'il emploie des enfants, il évitera de les engager avant qu'ils n'aient atteint l'âge et acquis la force et l'intelligence nécessaires pour l'exécution des travaux qui peuvent leur être confiés, et combinera ces travaux de manière à mettre les apprentis à même de continuer à fréquenter une école et de compléter leur instruction.

— Il doit combiner et répartir la besogne générale de manière à ce qu'elle ne laisse aucun ouvrier inoccupé, lorsque d'ailleurs la nature des travaux le permet.

— Il doit témoigner de l'intérêt à ses ouvriers, s'enquérir de leur condition matérielle et morale, et faire tous ses efforts pour l'améliorer, soit par ses conseils, soit même en leur venant directement en aide, en cas de besoin et dans la mesure de ses ressources.

— Il doit être impartial à leur égard, et s'attacher à reconnaître et à récompenser le vrai mérite et la bonne conduite.

— Il ne doit être ni brusque ni grossier envers eux, et dans toutes ses relations avec ses ouvriers se montrer poli, mais ferme.

— Autant que faire se peut, il doit s'attacher à tout voir par lui-même. L'œil du maître, a dit Franklin, fait plus de besogne que ses deux bras.

— Il ne doit jamais souffrir que les ouvriers méconnaissent son autorité. Dans l'intérêt même de ceux-ci, il ne doit hésiter à renvoyer ceux qui se permettraient quelque infraction à cet égard.

— Il doit, de même, renvoyer ceux qui troubleraient méchamment la bonne harmonie dans l'atelier, ou qui seraient d'un fâcheux exemple sous le rapport de la conduite.

— S'il veut être bien servi et conserver toute son autorité, il doit s'attacher à payer toujours régulièrement le salaire à ses ouvriers.

— Il doit se montrer sévère pour l'inconduite et la paresse, et indulgent pour les fautes que pourraient commettre les ouvriers laborieux.

— Il doit introduire et maintenir dans ses ateliers des habitudes d'ordre et de discipline, et proscrire toutes espèces de condamnations sous forme d'amendes, à moins qu'elles ne soient portées en vue de la sûreté de son établissement.

— Il doit aussi interdire strictement l'introduction et l'usage des boissons alcooliques et notamment du genièvre.

— Il doit, enfin, considérer ses ouvriers comme ses propres enfants, et ne rien négliger pour assurer à ceux qui en sont dignes, la plus grande somme de bien-être possible.

L'accomplissement de ces obligations constitue, dans le sens le plus large et le plus humain, le *patronage* que le chef d'industrie est appelé à exercer sur les travailleurs qui lui prêtent leurs services. C'est dans ce sens qu'il peut se dire leur *patron*, et justifier cette belle qualification, dont la signification et la valeur ne sont pas encore malheureusement assez généralement comprises.

Cette rapide analyse des droits et des devoirs des maîtres et des ouvriers, contient en germe la matière d'un long chapitre : mais c'est à dessein que nous en laissons les applications diverses à la saine interprétation de nos camarades de travail, comme à leurs patrons, qui ne manqueront pas sans doute d'en tirer d'utiles enseignements, appropriés à la nature de leur profession, à ses exigences et aux circonstances particulières qui s'y rattachent. Ils y ont tous un puissant et égal intérêt.

Mais comme cette diversité ne s'applique pas également aux devoirs des citoyens envers leur pays, nous nous étendrons davantage sur ceux-ci, parce qu'ils sont identiquement les mêmes pour tous.

Le pays ou plutôt la patrie, compagnons, c'est le sol qui nous a vu naître, la terre où reposent nos parents, où nous reposerons un jour ; c'est cet objet indescriptible dont le nom seul fait battre le cœur, et pour lequel on abandonne tout, famille, parents, amis, position, intérêts, pour voler à sa défense quand il est menacé, car il renferme et résume à lui seul toutes les affections, tous les intérêts ! La patrie, c'est l'ensemble des familles, une réunion d'individus vivant sous un même gouvernement, sous les mêmes lois, ayant les mêmes coutumes. L'homme vivrait mille ans, il parcourerait le monde entier, que ce serait toujours avec une profonde joie qu'il se rappelerait le petit coin du globe où il a vu le jour! Et dites-moi, camarades, s'il vous est arrivé de quitter le pays, n'est-ce pas toujours avec un véritable bonheur que vous avez accueilli, sur la terre étrangère, des compatriotes auxquels vous n'auriez peut-être jamais fait attention dans votre propre patrie? Et puis, lorsque sonnait l'heure du retour, quelle réjouissance! quel baume pour le cœur et les mille affections qu'il renferme!

Nos obligations envers le pays qui, au premier abord, paraissent très-complexes, se réduisent cependant à une seule : il faut la chérir. On est prêt à tous les sacrifices possibles pour ce que l'on aime véritablement.

L'homme est né pour vivre en société. Or la société n'est possible que sous un gouvernement quelconque, tout comme l'atelier ne saurait exister sans une direction, sans un maître, tout comme la famille ne saurait se maintenir sans un chef.

Il y a trois formes principales de gouvernement, qui sont : 1° la *monarchie absolue*, c'est-à-dire l'exercice de tous les pouvoirs par un seul; 2° la *république*, c'est-à-dire la direction des affaires de l'État par tous, ou plutôt par quelques-uns que l'on appelle les représentants de tous; 3° la *monarchie constitutionnelle*, qui participe de l'une et de l'autre des formes précédentes. C'est cette dernière, réunissant les avantages sans présenter les inconvénients des deux autres, qui a été sagement adoptée par notre patrie.

Il est impossible de mettre un seul instant en doute l'indispensable utilité d'un gouvernement, car si l'on vous maltraite ou si l'on vous vole, si l'on vous calomnie, si l'on porte atteinte à vos droits ou si l'on vous dépouille de votre bien, à qui pourriez-vous vous adresser, dans votre détresse, pour obtenir réparation du dommage qui vous est causé ? Or, vous le savez, sans gouvernement, c'est-à-dire sans autorité, il n'y aurait pas de justice, de protection, de lois possibles !

Cette incontestable nécessité d'un gouvernement pour régir les hommes étant ainsi reconnue, dans quelles conditions pourra-t-il subsister ?

Pour vous protéger, pour vous garantir une sécurité complète, pour sauvegarder enfin votre honneur et votre bien, comme pour vous rendre la justice qui vous est due, il lui faut :

1° Le respect et l'obéissance. — L'ascendant de sa puissance, de son autorité les lui donnent.

2° La force. — Il la trouve dans ses agents, dans ses soldats.

3° Le pouvoir. — Vous le lui donnez par vos suffrages ou par votre acquiescement à l'ordre de choses établi.

4° Les moyens. — Il les rencontre dans les

contributions, dans les taxes qu'il impose et qui correspondent aux services qu'il rend.

Or ces quatre conditions indispensables à l'existence de l'État, embrassent en même temps les principaux devoirs du citoyen. C'est le cas de répéter ce que nous avons déjà dit de l'ordre social : il n'y a pas de droits politiques sans devoirs correspondants. Vous ne pouvez assez vous pénétrer de cette vérité, dont les conséquences sont faciles à saisir.

Pourriez-vous exiger que votre ménagère vous soignât, préparât vos aliments et entretint vos vêtements, si vous ne lui rapportiez votre salaire quotidien, c'est-à-dire les moyens de vous soigner, de vous nourrir, de vous vêtir ? — Évidemment, non !

Eh bien, il serait tout aussi injuste, tout aussi impossible de vouloir que le gouvernement garantit votre liberté et votre existence, étendit sa protection sur vous et sur vos familles, sans lui donner en retour le tribut de votre obéissance et de votre gratitude.

Animé des plus louables sentiments de justice distributive pour tous les intérêts, je vous montrerai combien son attention se porte sur l'avenir des classes laborieuses et sur toutes les questions qui s'y rattachent ; je vous le montrerai construisant ou subsidiant les asiles pour les orphelins, les vieillards, les infirmes ; protégeant toutes les classes de citoyens; provoquant sans cesse des mesures propres à faire abaisser le prix des denrées de première nécessité; organisant des ateliers d'apprentissage et de perfectionnement; facilitant et encourageant l'introduction d'industries nouvelles; instituant les caisses de retraite et de secours; protégeant les arts, l'industrie, l'agriculture; répandant l'instruction dans toutes les classes de la société, l'offrant gratuitement à ceux qui ne peuvent la payer; — partout, à chaque pas, je vous signalerai les marques de sa profonde sollicitude pour les intérêts qui lui sont confiés, redressant les griefs, flétrissant les vices, punissant les fautes, encourageant les nobles sentiments, récompensant le dévouement, les actions d'éclat, en un mot, remplissant les fonctions d'un véritable père de famille. J'ajouterai qu'il ne saurait faillir à sa mission protectrice, sans appeler contre lui les réclamations de tous.

Mais pour pouvoir exercer avec fruit son autorité paternelle, il lui faut l'ordre et la sécurité, l'obéissance aux lois et aux règlements qu'il établit dans l'intérêt de tous. Aussi l'ouvrier qui aime véritablement son pays, se gardera bien de porter atteinte à sa tranquillité par des exigences intempestives; il n'écoutera point, dans les moments d'effervescence populaire, la voix de ces ambitieux qui n'hésitent pas à se frayer un passage au pouvoir en répandant des flots de sang; ayant à cœur non-seulement son devoir, mais encore ses intérêts, le pain et le repos de sa famille, il se gardera bien de faire partie de ces associations secrètes, de ces émeutes insensées, dont les résultats sont toujours plus funestes pour lui que pour ceux contre lesquels elles sont dirigées ; qui, en un jour, font plus de victimes et de malheureux, que ne le font en dix années les travaux des professions les plus insalubres !

V

DE L'EMPLOI DU TEMPS DANS L'ATELIER.

Parmi les points les plus essentiels, les plus dignes de votre attention, mais sur lesquels cependant vous prenez rarement la peine de réfléchir, je dois vous citer, camarades, le bon emploi du temps.

D'abord, vous êtes-vous jamais rendu compte du tort considérable qui résulte des bavardages dans l'atelier, de toutes ces petites causeries, de tous ces chuchotements qui entraînent souvent d'interminables discussions, interrompent incessamment la marche de la besogne, et qui, sans qu'on s'en aperçoive, se traduisent en une notable perte de temps, dont on est le plus souvent la première victime? Il est peu d'industries, même parmi celles purement mécaniques, qui n'exigent pas une certaine attention. Du moment donc qu'on se livre à la causerie, il est certain que l'attention que l'on doit à son travail seul est distraite, et que celui-ci s'en ressent plus ou moins. Outre que l'on peut commettre ainsi de très-graves erreurs, si l'on travaille à la journée, on porte préjudice aux intérêts de son maître ; si l'on travaille à forfait, ce sont, au contraire, nos propres intérêts qui en souffrent. Des deux côtés donc, il y a toujours perte, et cette perte, qui paraît insensible dans le moment, est en réalité très-considérable : supposons, en effet, que dans un atelier composé d'une quinzaine d'ouvriers, chacun de ceux-ci néglige seulement une demi-heure de travail par jour, un quart-d'heure le matin, un quart-d'heure l'après-dînée (et vous savez si je suis modéré dans cette évaluation) : eh bien, en admettant une moyenne de 300 jours ouvrables par an, chaque ouvrier occasionne un dommage de 150 heures, ou d'environ *quinze* journées pleines au bout de l'année, et pour la totalité des ouvriers, le patron subit un tort de 2,250 heures ou de 225 journées, ce qui, en évaluant le prix de la journée à un *minimum* de 2 francs, représente une perte sèche de 450 francs annuellement ! Notez que je ne parle pas du dommage qui résulte des causeries pour la bonne exécution de la besogne : combien de pièces n'avez-vous pas dû recommencer par le défaut d'attention qu'entraînent inévitablement les distractions étrangères à votre travail ? Je néglige aussi le chapitre des accidents, dont le plus grand nombre est dû aux bavardages, ou, en d'autres termes, à l'inattention qu'ils provoquent. Il y a tant de motifs, dans le cours d'une journée, pour interrompre son travail ! Une souris qui passe, un caquet, une proposition, un petit événement quelconque, enfin, sont autant de prétextes qu'on saisit avec empressement pour s'occuper d'autre chose que de son devoir.

Il est encore un autre défaut, malheureusement très-commun, malgré la sévérité et les justes réclamations des patrons à cet égard, dont les conséquences ne sont pas moins désastreuses, quoique aussi peu appréciables au premier abord, et dans lequel on tombe aisément : je veux parler de la négligence à observer les heures d'entrée à l'atelier. Peu d'ouvriers se soucient de commencer à la minute précise ; plusieurs, au contraire, s'attachent à retarder l'instant du travail autant que possible, et se trouvent toujours en veine de prétextes pour se mettre à la besogne plutôt dix minutes après qu'un instant avant l'heure fixée ; ces retardataires ne réfléchissent guère au préjudice qu'entraîne cette détestable habitude qui, s'étendant à un certain nombre d'hommes, se traduit à la longue, pour le patron, en une perte tellement considérable, qu'en admettant un instant qu'il parvient à en écarter la cause, il serait à même d'augmenter d'un dixième au moins le taux de la journée de ses ouvriers, ou de diminuer d'une heure environ, chaque jour, la durée du travail, tout en réalisant encore un notable bénéfice, surtout en hiver, par l'économie de la lumière et du chauffage.

Ne me contentant pas de l'observation toute particulière que j'avais faite et de la conviction que j'avais acquise à cet égard, je fis des recherches dans divers documents, et j'eus bientôt la preuve que partout où ces faits avaient pu être constatés, ils avaient produit des résultats analogues. Parmi ces faits, je me bornerai à citer les suivants, qui m'ont surtout paru propres à vous pénétrer de la vérité de cette assertion, en ce qu'ils revêtent un caractère pour ainsi dire officiel.

Le chef de l'un des principaux ateliers de menuiserie et de charpenterie de Berlin, avait imaginé une foule de moyens pour engager ses ouvriers à ne pas causer entre eux pendant les heures de travail, et à se rendre à la besogne à la minute précise ; mais tous ses efforts avaient échoué. Après mûre réflexion, il les réunit un dimanche dans l'une des salles de son établissement : « Mes enfants, leur dit-il, la grande et fâcheuse concurrence que me font mes confrères, va peut-être m'amener à devoir réduire vos salaires, si je veux continuer à vous occuper, et cela par votre propre faute. » Et chacun de se récrier, en le priant de s'expliquer. « C'est que vous négligez trop votre travail pour vos petites causeries intimes, et que vous n'êtes pas assez exacts aux heures d'entrée à l'atelier ; mes représentations réitérées ne peuvent rien pour vous déterminer à être plus assidus. Songez-y bien : vous êtes ici plus de 400 ; j'estime que chacun de vous néglige en moyenne une heure par jour pour ces deux causes; voyez et calculez le dommage volontaire que vous me causez! » — « Mais, patron, répondit l'un d'entre eux, nous ne pouvons pas toujours travailler; nous faisons d'ailleurs notre devoir! » — « Vous ne pouvez pas toujours travailler, dites-vous? Mais alors que venez-vous faire à l'atelier? Ma conduite antérieure à votre égard et la démarche même que je tente aujourd'hui, pour vous ramener au sentiment de votre devoir, prouvent combien peu je suis exigeant. Vous travaillez douze heures par jour, et sur ces douze heures, je vous accorde trois intervalles de repos, qui réduisent, en réalité, la journée à dix heures, et vous trouvez apparemment que c'est encore trop, puisque vous vous attribuez le droit de vous amuser pendant ces dix heures. Non, vous ne faites pas votre devoir, et la preuve c'est que dès maintenant j'offre à chacun de vous un florin de gratification par semaine, s'il veut s'abstenir de causer de choses étrangères à sa besogne pendant les heures de travail et toujours se rendre à celui-ci à l'heure précise indiquée par le règlement de la maison. Vous allez ici nommer, parmi vos camarades, un petit comité qui sera chargé de surveiller et noter ceux qui observeront strictement la condition que je viens de poser, et sur la liste qu'il formera lui-même, loin de diminuer le salaire, je payerai chaque semaine la gratification promise à ceux qui l'auront méritée. » — Ainsi fut fait. De l'aveu de presque tous leurs compagnons, 50 ouvriers seulement eurent droit à la gratification, à la fin de la première semaine. Elle leur fut payée intégralement. La semaine suivante, ce chiffre s'éleva à 80, et, au bout de trois mois, le patron paya à peu près autant de florins de gratification qu'il comptait d'ouvriers !

Après une expérience de deux années, le chef de l'établissement adressa au ministre du commerce de Prusse un rapport relatant les faits que je viens de rapporter sommairement. Il ajouta qu'il avait, par ce moyen, réalisé un gain supérieur de plus de 3 p. °/₀ à celui qu'il faisait sur la main-d'œuvre de ses ouvriers, avant l'adoption de cette mesure. A sa demande, ces faits furent constatés par une enquête, qui révéla toute la satisfaction des ouvriers d'avoir vu ainsi, sans surcroît apparent de travail, augmenter sensiblement leurs ressources, tout en faisant mieux les affaires de leur patron et les leurs propres par conséquent.

Des faits analogues et qui ont produit les mêmes résultats, sont rapportés par M. L. Horner, l'un des inspecteurs des manufactures en Angleterre. Nous nous bornerons à la citation suivante :

M. Robert Gardner possède, à Preston, une grande manufacture, où les métiers de la filature et du tissage du coton sont mus par la vapeur. La force de la vapeur est de 80 chevaux et le nombre des ouvriers de 668. Pour les motifs que nous avons rappelés tout à l'heure, le chef de l'établissement se décida à réduire la journée de travail de 12 à 11 heures, et il déclara à l'inspecteur, dans l'une de ses tournées, qu'il avait obtenu la même quantité d'ouvrage, sans augmentation de dépense, en payant les mêmes salaires, soit à la journée, soit à la tâche.

L'expérience durait depuis douze mois, lorsque M. Horner vint pour en prendre une connaissance approfondie, le jour même d'une fête où les ouvriers en célébraient le succès.

« J'entrepris cette enquête, dit-il, avec le désir d'en rendre évidente l'heureuse issue, mais en même temps avec la pensée et la crainte que j'y découvrirais quelque erreur encore inaperçue. Si l'épreuve comparative avait quelque valeur, il fallait prouver qu'on n'avait altéré ni la vitesse du système des mécaniques, ni la puissance des moteurs, ni la qualité des matières premières, ni celle des produits fabriqués. J'estimais qu'un manufacturier intelligent, pouvant trouver le *maximum* d'avantages à retirer de la vitesse pour chaque cas particulier, il ne serait pas possible que ce *maximum* pût donner autant d'ouvrage avec onze heures qu'avec douze heures de travail. Je prétendais aussi qu'un ouvrier à ses pièces emploierait les plus grands efforts qui lui permissent de travailler avec ce *maximum* de vitesse, et qu'il ne pourrait pas, d'une manière permanente, produire autant en onze heures qu'en douze. De là, je concluais que toute réduction sur les heures de travail devait nécessairement être accompagnée d'une diminution d'ouvrage accompli dans une manufacture bien ordonnée. »

On communiqua à M. Horner les registres de la fabrique, afin de lui démontrer que les produits annuels n'avaient en rien diminué les salaires gagnés par semaine, au contraire.

« Les faits, poursuit M. Horner, se trouvaient ainsi contraires à ma théorie préconçue, théorie que les chefs de l'établissement ne niaient pas. Je leur demandai comment ils expliquaient leurs résultats. Leur explication me révéla que j'avais négligé une cause importante : *c'est l'effet que la vigilance et l'attention des ouvriers mêmes peuvent exercer sur la somme des produits.* Les chefs interrogés établirent ce fait : par une assiduité plus grande lorsque leurs ouvriers travaillent à courte journée ; par leur arrivée à la minute précise et par le soin de ne perdre aucun des moments dépensés mal à propos dans le courant de la journée ordinaire, ils parviennent à produire autant d'ouvrage en onze heures qu'auparavant en douze heures.

« Seize des ouvriers fileurs ou tisserands, employés ainsi, sont venus me visiter, ajoute M. Horner ; ils ont confirmé les dépositions de leur chef ;

ils ont énuméré les nombreux avantages et la satisfaction qu'ils retiraient d'un travail qui finissait une heure plutôt chaque soir. Ils m'ont, entre autres, cité ce fait : quand ils travaillaient douze heures, 27 d'entre eux seulement allaient à l'école du soir ; depuis qu'on a réduit à onze heures le travail effectif, 98 au lieu de 27, s'instruisent à cette école.[1] »

Je pourrais, compagnons, vous citer encore un grand nombre d'exemples pour vous prouver les étonnants effets que produisent l'assiduité à la besogne, la ferme volonté de faire son devoir ; mais ceux qui précèdent suffiront, je pense, pour vous convaincre de ce que l'on gagne par l'application.

Bien que vous n'ayez pas en perspective une récompense pécuniaire autre que votre salaire ordinaire ou une diminution dans votre journée de travail, vous n'en devez pas moins éviter de perdre des instants qui ne vous appartiennent pas. En agissant autrement la loi morale vous condamne, et je n'en veux d'autre preuve que votre état de confusion lorsque vous êtes surpris, par vos chefs, babillant au lieu de travailler, c'est-à-dire vous occupant d'autre chose que de votre besogne, ou, lorsque vous arrivez trop tard à l'atelier, le mécontentement que vous éprouvez contre vous-mêmes, la précipitation que vous mettez à entrer, en vous glissant furtivement à votre place. Oui, votre conscience vous condamne ; elle dit que vous faites mal; vous le sentez, mais vous ne le comprenez pas toujours, ou plutôt vous ne voulez pas en convenir. Ah! bah! dites-vous, pour quelques minutes!... Mais ces quelques minutes souvent répétées font, en somme, un grand nombre d'heures; mais ces quelques minutes négligées par tous les ouvriers de l'établissement, constituent une perte énorme pour le chef, et cette perte, ne l'oubliez pas, finit presque toujours par retomber sur le dos de l'ouvrier!

Fuyez donc les perfides suggestions de ceux de vos compagnons qui se font une sorte de gloire de travailler le moins possible, qui saisissent toutes les occasions pour *flâner* au lieu de s'appliquer à leur besogne, sous prétexte que le salaire qu'on leur accorde est trop faible. D'abord, c'est là un mauvais moyen pour l'augmenter : moins vous ferez gagner à votre patron, moins naturellement il pourra vous donner, plus il vous paraîtra exigeant, tracassier. Les conditions de travail vous sembleront insupportables alors, et de cet état de lutte, il ne peut sortir que dommage pour l'un comme pour l'autre.

Au surplus, ces paresseux finissent un jour ou l'autre par se faire mettre à la porte, et éprouvent la plus grande peine à se replacer. Tandis qu'au contraire votre assiduité au travail vous fait avantageusement remarquer, et si vos patrons sont assez peu clairvoyants ou assez peu soucieux de leurs intérêts pour ne pas s'en apercevoir et vous récompenser, cette récompense, vous la trouverez toujours dans votre cœur. La satisfaction du devoir accompli, vous le savez, est d'un prix inestimable : elle procure la joie la plus légitime et honore l'homme qui sait se soumettre aux nécessités de sa condition.

Mais s'il importe à l'ouvrier de ne perdre aucun des moments de la journée qu'on lui paye, il appartient aussi aux patrons de distinguer et d'encourager celui qui fait bien son devoir. Les patrons qui négligent ce soin commettent à la fois une faute et une injustice : une faute, en ce qu'ils méconnaissent leurs véritables intérêts, qui consistent à tirer tout le profit possible du courage, de l'intelligence et de la bonne volonté de l'ouvrier ; une injustice, en ce qu'ils mettent alors sur la même ligne le vaillant et le paresseux, en ce qu'ils ne récompensent pas le zèle et l'activité, qui sont moins rares qu'on ne le pense généralement, mais qui, pour se développer, ont besoin d'être favorisés par l'attrait d'un gain supérieur ou d'avantages quelconques, sous peine de voir l'ouvrier qui possède ces qualités, aller quelque jour grossir les rangs des mécontents et finir par faire comme eux.

Quoi qu'il en soit, mes amis, il est de votre intérêt comme de votre devoir de ne jamais perdre le temps mal à propos. L'ouvrier n'a pas d'autre capital que le temps ; en le dissipant, il détruit de cœur-joie ses propres ressources, il se plonge volontairement dans la gêne et par suite dans la misère, et une fois entré dans cette voie, il devient presque impossible d'en sortir avec honneur.

Il faut non-seulement ne pas perdre de temps à l'atelier, mais encore chez soi. Aussi, je conseille vivement à mes camarades, leur labeur quotidien terminé, de s'occuper dans leur intérieur à quelque travail instructif ou récréatif, selon leurs goûts et leurs aptitudes, bien qu'ils sachent d'avance que, pécuniairement, ce travail ne leur doive rien rapporter. D'abord le travail, à quelque titre qu'il se fasse, chasse les mauvaises pensées, produit dans la famille une utile émulation et est toujours d'un bon exemple ; pendant qu'on s'occupe chez soi, on ne dépense pas son argent au cabaret, on a l'œil sur ce qui se passe dans son ménage, et l'on ne fournit pas à sa femme l'occasion d'aller causer chez la voisine, au lieu de s'occuper de son ménage. Le travail n'est donc jamais réellement improductif.

VI

DES INTERVALLES DE REPOS PENDANT LE TRAVAIL, DU REPOS DU DIMANCHE ET DE L'OISIVETÉ DU LUNDI.

Ce serait en vain que l'on voudrait méconnaître l'heureuse influence des intervalles de repos, sagement combinés, sur la somme des produits d'un établissement industriel. Le quart d'heure que l'on accorde d'ordinaire pour goûter aux ouvriers de nos ateliers et de nos fabriques, contribue plus qu'on ne le pense généralement à leur donner des forces nouvelles et les distrait utilement de la monotonie de leur besogne : en reprenant celle-ci, ils ont recouvré toute leur vigueur, et se sentent capables de doubler leur travail ; ils ont alors, comme on dit, le cœur à l'ouvrage : ce serait une économie mal entendue que de vouloir, dans tous les cas, supprimer cet usage.

En principe, les intervalles de repos devraient être subordonnés au plus ou moins de fatigues qu'entraîne l'exercice des différentes professions manuelles, aussi bien qu'à la monotonie du travail sédentaire. L'intervalle habituel du midi suffit lorsque la journée de travail ne dépasse pas dix heures partagées d'une manière égale. Si cette durée est dépassée, il est toujours indispensable, et tout aussi profitable aux patrons qu'aux ouvriers eux-mêmes.

Mais quant au repos du dimanche, nous ne saurions admettre d'autre restriction à cet égard que celle que comportent les services publics les plus indispensables. Si, au point de vue religieux, ce repos a été prescrit comme un devoir par tous les peuples civilisés, depuis l'antiquité jusqu'à nos jours, il n'est pas moins nécessaire sous le rapport moral et hygiénique : il est surtout éminemment utile dans ses résultats. L'ouvrier n'est pas une machine qui puisse marcher sans interruption. S'il exerce un métier qui entraîne plus ou moins de fatigue, un jour sur sept n'est pas de trop pour réparer ses forces; si, au contraire, il exerce une profession sédentaire, que du moins on lui accorde un jour par semaine pour se livrer à un exercice indispensable au maintien de sa santé. « Toute profession, dit M. Th. Barrau, dans son remarquable livre : *Conseils aux ouvriers*, toute profession qui absorbe entièrement celui qui l'exerce peut finir par l'hébéter; l'ouvrier, tout entier à une tâche matérielle, et ne cessant de reproduire les mêmes mouvements, sentirait peu à peu s'énerver et se paralyser en lui les organes de la pensée, si le repos du corps ne venait pas de temps en temps rendre à l'intelligence quelque liberté. L'ouvrier doit se souvenir qu'il n'est pas né seulement pour façonner le bois, le métal ou la pierre ; il est homme avant tout, et doit par conséquent conserver sa dignité, remplir ses devoirs d'homme, penser à son avenir de chrétien : tel est l'emploi du dimanche.

« Le dimanche, l'ouvrier laisse reposer ses outils ; il cause d'autre chose que de son métier, ou s'il s'en occupe, c'est pour récapituler ses espérances avec sa famille, ses amis. Sa pensée, débarrassée des entraves d'une occupation mécanique, des mille obligations de l'atelier, tantôt se porte librement sur les objets le plus à portée de ses goûts, de son aptitude ; ou bien se recueille et se replie sur elle-même : il observe, il réfléchit, il médite ; quelquefois il s'occupe de lecture, de dessin. Il jouit de ce beau spectacle de la nature que la bonté de Dieu présente à tous ses enfants ; il goûte d'innocents plaisirs, et de ces plaisirs, les plus doux sont ceux dont il jouit en famille. »

Qu'il y a loin de la réalité à ce tableau si vrai, si riant ! Et pourtant on ne peut méconnaître que le repos du dimanche exerce sur l'ouvrier la plus salutaire influence : il sent en lui-même une plus grande aptitude au travail, lorsqu'un repos régulier a retrempé ses forces L'ouvrage fait après ce repos est généralement plus parfait, mieux fini, et s'exécute dans des conditions plus rapides.

C'est avec une grande vérité que le même auteur dit que le plus ordinairement ce n'est point l'amour excessif du travail, ni la soif immodérée du gain qui fait violer le jour du repos officiel. Parmi les ouvriers qui, ce jour-là, se donnent tant de mouvement pour leur ouvrage, qui s'en donnent plus peut-être que dans le cours de la semaine, il en est qui ont l'air de dire aux spectateurs : « Voyez, comme je me ris des préceptes de la religion et des usages établis ! Les cloches sonnent et semblent m'appeler à la prière, la promenade me sollicite, tout me convie à prendre ma part du repos et des plaisirs du dimanche : que m'importe ! Tous les grands établissements industriels, les écoles, les tribunaux sont fermés ; tout chôme : eh bien, malgré cela, vous le voyez, mon marteau bat toujours, ma scie ne cesse pas de grincer. Pensez-vous que c'est parce que j'aime la besogne plus qu'un autre ? Vous seriez complétement dans l'erreur ; car demain, quand vous retournerez à vos occupations, vous n'entendrez plus mon marteau ou ma scie ; je me reposerai à mon tour. Vous faites le dimanche, moi je ferai le lundi ! »

Ce n'est malheureusement que trop vrai : pour certaines catégories d'ouvriers et notamment pour ceux qui travaillent à domicile, le lundi est le jour consacré chaque semaine au culte du désordre, et depuis que l'inconduite et la paresse l'ont adopté, il n'est pas dans le calendrier de fête mieux chômée, surtout dans les grandes villes. Quels avantages, en effet, le lundi n'a-t-il pas sur le dimanche? Le dimanche on est obligé de s'habiller proprement; la femme va aux offices et désire qu'on l'accompagne à la promenade ou dans quelque visite de parents ou d'amis; les enfants ne vont point en classe et on les a toute la journée sur les bras; à peine peut-on dérober à la famille et aux obligations du dimanche quelques heures de liberté. Le lundi, au contraire, on peut courir partout en blouse mal lavée; point d'offices ni de promende en famille; les enfants sont à l'école, la femme est à son ouvrage; on peut, depuis le matin jusqu'au soir et même depuis le soir jusqu'au matin, disposer à son gré de toutes les heures. Comment les emploie-t-on ces longues heures? Hélas! il serait presque impossible de ne pas les employer mal. L'homme qui a l'habitude d'une continuelle activité ne saurait supporter le poids d'une inaction aussi prolongée. Il lui faut de l'excitation, des émotions fortes. Il va les chercher là où il sait les trouver, c'est-à-dire dans les cabarets et dans les lieux mal famés. Il est, pour ainsi dire, jeté hors de lui; il ne se connaît plus; il ne se commande plus. De là toutes sortes de désordres et une dépense effrénée. Tel qui, pour son amusement, le dimanche, se serait contenté de 50 centimes, dépensera 3 francs le lundi.

On peut affirmer que cette déplorable habitude est une de celles qui contribuent le plus à affaiblir les affections de famille, à fortifier et à exciter les mauvais penchants, à rendre l'économie et la bonne administration impossibles dans le ménage, à jeter l'ouvrier hors de la bonne voie, et à l'engager sur la pente rapide du désordre et de la misère. Et combien de malheureux ne voit-on pas qui, après avoir joui d'une position relativement aisée, due à leur travail, tombent insensiblement dans la plus affreuse dégradation, pour n'avoir point eu le courage de repousser les suggestions coupables de leurs compagnons qui, d'ordinaire, célèbrent ce jour au cabaret ?

Si la *fériation* du dimanche repose et rafraîchit les sens, celle du lundi les agite et les trouble. Jamais, en effet, le lundi ne se passe à la maison, où la présence d'une mère ou d'une femme mécontente gâterait tout le plaisir : on court toujours aux cabarets ou bien aux *kermesses*. Là, point de sages conversations, de tranquilles promenades, de paroles amicales échangées avec des personnes chéries; point de ces jeux d'enfants si charmants à contempler, si doux à partager; non, rien que le désordre, des querelles, des reproches, des cervelles échauffées par de trop fréquentes libations de faro ou de genièvre; rien qu'une joie déréglée et fébrile et une émulation déplorable à qui étouffera le mieux la voix de sa conscience et celle de ses camarades.

Et puis, faut-il compter pour rien l'abattement

ou l'agitation maladive des nerfs qui suit toujours les excès de ce genre? Faut-il compter pour rien la perte de son temps, de son argent, de sa considération? Est-il un seul ouvrier satisfait d'avoir fait le lundi? Demandez-le aux partisans de cette déplorable coutume : tous se montreront honteux des excès de ce jour ; tous rejetteront sur leur faiblesse à se laisser entraîner, les écarts qu'ils commettent dans ce moment de délire, qu'ils n'ont ni la force ni la volonté d'éviter!

Que dire de ceux qui cumulent l'oisiveté du lundi et le repos du dimanche, accordant en apparence le premier jour à la loi religieuse, et le second à la force de l'habitude ; le premier à la famille et le second à la camaraderie, en réalité tous les deux à la paresse? Si l'on est pénétré du sentiment de ses devoirs, comment peut-on faire le lundi? Et si l'on n'en est pas pénétré, à quoi bon chômer le dimanche? Qu'on opte donc entre ces deux jours; ou, si on les prend tous les deux, qu'on avoue que c'est par amour de la fainéantise et du désordre. Ce n'est pas un dimanche suivi d'un lundi, ce sont deux lundis qui se suivent.

Il est une autre habitude propre surtout à quelques catégories d'ouvriers de la capitale, qui heureusement devient chaque jour moins fréquente : c'est celle de se faire traîner en vigilante de cabaret en cabaret, à l'époque des kermesses, ou dans quelque circonstance analogue, sans autre but que de se gorger de bière et de s'offrir en spectacle. Triste spectacle, en vérité, que celui-là qui fait détourner les yeux de dégoût aux propres camarades de ces insensés, lorsqu'ils les rencontrent en cet état ! Ils se glorifient d'avoir tant bu, tant ri, tant chanté : il s'en trouve même qui sont satisfaits de s'être bien battus, querellés, déchirés ! C'est le beau côté de la médaille pour eux. Voici le revers : Les voies de fait qui se commettent pendant ces *ribottes*, amènent un grand nombre de ces malheureux sur les bancs de la police correctionnelle. S'ils échappent à cette belle perspective, ils n'ont d'autre ressource que le mont-de-piété pour vivre le lendemain, si toutefois il reste quelque chose à la maison à y déposer. Dans tous les cas, ils sont toujours sûrs de trouver au logis une femme, des enfants qui manquent du plus strict nécessaire. Et quel enfer que ce logis! Des reproches, des querelles sans fin, et par suite une démoralisation précoce pour les petits êtres qui vivent dans ce triste milieu, et qui, par la perversité des exemples qu'ils reçoivent, tourneront fatalement plus tard dans le même cercle, quelle que soit la bonté de leurs instincts! Mais je ne veux pas anticiper : ce sujet trouvera plus naturellement sa place lorsque je parlerai plus loin des conséquences de l'intempérance pour la famille.

En attendant, je me borne à conjurer les ouvriers qui fêtent encore le lundi à abandonner à tout jamais cette funeste habitude. Le conseil communal de Bruxelles, par une résolution qui a été justement et généralement applaudie, a aboli récemment le *lundi perdu*. Puissent tous les travailleurs étendre également cette proscription aux autres lundis de l'année qu'ils *perdent* de cœur-joie : leur dignité d'homme et leurs véritables intérêts y gagneront sous tous les rapports.

VII

DES SALAIRES ET DES ASSOCIATIONS FORMÉES EN VUE DE LEUR MAINTIEN.

—

Nous touchons ici à l'une des questions les plus ardues et les plus délicates du domaine de l'ouvrier : l'appréciation des salaires et des moyens de les sauvegarder.

Soumis non-seulement à toutes les fluctuations de l'offre et de la demande, à la découverte et à l'introduction de nouvelles machines et de nouveaux perfectionnements, mais encore aux caprices des maîtres, aux besoins et aux exigences des ouvriers eux-mêmes, les salaires varient à l'infini dans toutes les professions, dans toutes les contrées, d'une ville, d'un atelier même à l'autre. Très-élevés quelquefois par suite des nécessités industrielles du moment, du manque de bras, etc., ils retombent aussi parfois à un taux tellement infime, qu'ils ne peuvent même plus donner du pain à l'ouvrier ni à sa famille. La diversité des âges, des aptitudes, les difficultés de la profession, la longueur de l'apprentissage, ne justifient que très-imparfaitement la graduation des salaires dans l'industrie. Tel ouvrier qui gagne 3 francs par jour dans une localité, s'estimera heureux d'en recevoir 2 dans la localité voisine, pour une même somme de travail, sans que, pour cela, les conditions d'existence se trouvent dans un rapport équivalent.

Ces différences ressortent surtout des documents statistiques qui ont été publiés à la suite du grand recensement industriel fait en Belgique pendant l'une de ces dernières années. Il ne sera peut-être pas inutile, camarades, de mettre ces résultats sous vos yeux, en ce qui concerne les travailleurs occupés dans les ateliers, les fabriques et les usines de la Belgique : ils vous donneront, en outre, une idée de l'importance industrielle de notre pays, importance que beaucoup d'entre vous ignorent et ne se sont jamais donné la peine de connaître.

Le nombre total des ouvriers employés dans les ateliers, fabriques et usines du royaume, c'est-à-dire dans la grande industrie seulement, s'élevait, au 15 octobre 1846, à 314,842, dont 207,784 hommes adultes, 40,673 femmes, 36,356 garçons âgés de moins de seize ans, et 30,029 filles. Ces 314,842 ouvriers recevaient un salaire annuel de 110,852,625 francs, réparti de la manière suivante entre les différentes industries :

	Francs.
Extraction de la houille et fabrication du coke.	23,778,525
Industrie métallurgique.	19,068,150

Carrières, ardoisières, céramique.	13,043,250
Industries ayant pour objet l'alimentation. . .	9,625,875
Industrie linière.	9,110,025
Travail du bois.	7,245,375
Industrie cotonnière.	6,646,325
Industrie lainière.	5,065,350
Travail du cuir.	3,648,375
Industries de confection en tissus	2,748,825
Verreries	2,418,975
Papeteries et imprimeries.	2,050,875
Produits chimiques.	1,258,975
Industries relatives à l'éclairage.	1,198,725
Bonneterie, rubannerie, passementerie. . . .	803,325
Industrie sétifère (fabrication de la soie). . . .	188,550
Exploitation des tourbières	38,775
Professions diverses.	2,914,650
TOTAL, fr.	110,852,625

La part afférente aux hommes dans cette somme de 110,852,625 francs, était de 92,767,950 fr., celle des femmes de 8,687,475 francs, celle des garçons de 5,873,550 francs, et enfin celle des filles de 3,523,650 francs.

Il n'est pas moins curieux de vous faire connaître maintenant le salaire journalier des ouvriers sous le double rapport de la totalité des catégories de travailleurs et des différentes branches de travail. Les chiffres du tableau ci-après vous diront d'une manière plus éloquente que ne pourraient le faire toutes les expressions possibles, combien doivent être grandes les souffrances et les privations de la classe laborieuse en général, surtout pour les groupes les plus nombreux :

1er GROUPE. — 18,308 ouvriers et garçons adultes, gagnaient moins de 50 cent. par jour, ou par an, en moyenne,				fr. 75 »
2e GROUPE. — 35,519 gagnaient de 50 c. à 1 fr., ou par an,				225 »
3e	—	59,066	— de 1 fr. à 1 fr. 50 c.	— 375 »
4e	—	50,776	— de 1 fr. 50 c. à 2 fr.	— 525 »
5e	—	26,306	— de 2 fr. à 2 fr. 50 c.	— 675 »
6e	—	11,469	— de 2 fr. 50 à 3 fr.	— 825 »
7e	—	4,336	— de 3 fr. à 4 fr.	— 1,050 »
8e	—	1,209	— de 4 fr. à 5 fr.	— 1,350 »
9e	—	795	— au-dessus de 5 fr.	— 1,500 »

Eu égard aux différentes branches de travail, voici quelle était la moyenne du salaire journalier des hommes, dans les établissements industriels :

		fr.	c.
INDUSTRIES MINÉRALES.	Houille et coke	2	07
	Métallurgie	2	01
	Carrières, ardoisières, céramique	1	57
	Verreries	2	58
INDUSTRIES MANUFACTURIÈRES.	Lin et chanvre	»	80
	Laine	1	62
	Coton	1	55
	Soie	1	25
	Bonneterie, rubannerie, passementrie	1	30
	Industries de confection en tissus	1	14
BRANCHES DIVERSES D'INDUSTRIE.	Alimentation	1	30
	Bois	1	78
	Cuirs	1	45
	Éclairage	1	40
	Papeteries et imprimeries	1	44
	Produits chimiques	1	46
	Professions diverses	1	60

Ne vous étonnez pas, camarades, du peu d'élévation de la plupart de ces chiffres : ce ne sont là que des moyennes, en d'autres termes que les salaires considérés l'un parmi l'autre, seule base d'appréciation possible dans l'espèce. Mon but principal en les reproduisant a été de vous démontrer dans quelle proportion étonnante ils diffèrent selon les diverses industries, bien que les besoins des ouvriers soient presque généralement les mêmes. De cette circonstance, de ce défaut d'équilibre, naissent nécessairement les nombreuses contestations qui surgissent au sujet des salaires, et le malaise qui accable certaines catégories de travailleurs : l'un gagne relativement beaucoup et l'autre peu, et cependant les denrées alimentaires, le logement, les vêtements, etc., sont aussi chers pour les uns que pour les autres.

Le remède à cet état de choses, pour la grande masse des ouvriers, n'est sans doute pas facile à trouver. Les rêveurs de transformations sociales, d'organisation du travail, l'ont vainement cherché, et leurs efforts multipliés n'ont réussi qu'à produire des perturbations plus grandes encore, s'il est possible, que celles qui existaient déjà. Des événements encore récents pour le souvenir, ont malheureusement justifié cette vérité. — Ces réformateurs se sont dit : Que demandent les ouvriers de toutes les professions ? Une diminution dans le labeur et une augmentation de salaire ? Eh bien, accordons-leur ces avantages ; décrétons une loi qui diminue d'une heure par jour la journée et qui impose aux patrons l'obligation d'accorder à leurs ouvriers un salaire plus élevé. Il en fut ainsi. Un charpentier de mes amis m'a souvent raconté les effets de cette mesure qui devait porter la classe laborieuse d'un pays voisin au comble de la prospérité.

— Avant la promulgation de cette loi, me disait-il, je gagnais 18 francs par semaine, pour 12 heures de travail par jour. Je vivais tranquillement, mais enfin je pouvais me tirer d'affaire. — Lorsque cette mesure fut mise à exécution, ma journée de travail fut diminuée d'une heure, et mon salaire élevé de 18 à 20 francs. A la fin de la première semaine, tout joyeux de ce résultat, j'eus besoin de faire différentes emplètes, et je me rendis à cet effet dans les boutiques où j'avais l'habitude de me pourvoir. Je voulus d'abord m'acheter une blouse : j'entre, j'essaye le vêtement en question et j'en demande le prix. — 7 francs, me répond-on. — Comment! 7 francs ; mais j'ai acheté ici une blouse toute semblable, il y a un mois à peine, pour 5 francs. — C'est très-vrai, monsieur ; mais comme la journée de travail de nos ouvriers est diminuée et que leur salaire est augmenté, nous ne pouvons plus vous la livrer aux mêmes conditions. — C'est très-juste ; je payai donc, et je me dirigeai vers la boutique de mon cordonnier. — Combien ces souliers? — 8 francs, camarade! — Pas possible! je n'ai jamais donné plus de 6 francs… — Sans doute, avant que le salaire des ouvriers fût augmenté, je pouvais vous les livrer à ce prix ; maintenant, c'est impossible ; ils me coûtent plus à moi-même!

Je n'étais pas au bout du rouleau.

En rentrant au logis, notre ménagère me signifia qu'elle ne pouvait désormais continuer à m'héberger pour 8 francs par semaine; que, vu la hausse produite sur une foule d'articles par l'augmentation des salaires, etc., j'aurais à payer, à l'avenir, 10 francs pour ma pension.

Je me pris à réfléchir sérieusement et à récapituler ce que me coûterait dorénavant mon entretien. Le résultat de ces calculs fut que j'aurais à rogner de mon budget une foule de petites douceurs que je pouvais me permettre auparavant sans inconvénient.

Le lendemain, je fis part de ce résultat à mes camarades d'atelier, qui avaient fait à peu près les mêmes réflexions. Toutefois, je ne me rendais pas encore compte des raisons de ce changement. — Comment! mon vieux, me dit l'un de nos compagnons, te serais-tu mis dans la tête que l'on allait augmenter les salaires et diminuer la journée de travail pour toi tout seul? — Non, sans doute! — Eh bien! songe donc que les mêmes effets de renchérissement doivent, par les mêmes causes, se manifester dans toutes les professions. — Mais alors où est l'avantage de la mesure que l'on a décrétée et à laquelle nous avons tous applaudi? — L'avantage n'est qu'illusoire... Note bien ceci : tu travailles moins, on te paye plus, et cependant le patron ne peut pas perdre; il faut donc qu'il augmente ses produits : cette conséquence est inévitable et il ne faut pas être un aigle pour la comprendre...

Peu s'en fallut que nous ne pétitionnâmes pour obtenir l'abolition de cette mesure. Heureusement, les circonstances vinrent nous épargner cet embarras !

Ce simple récit, dont la portée ne peut vous échapper, camarades, vous démontre combien est délicate cette question de l'augmentation générale des salaires. Car il ne servirait à rien, en effet, de gagner le double, si l'on devait payer tout en proportion. Ce qu'il faudrait donc, ce qui serait équitable et ce qui deviendra, je l'espère, possible, c'est que les salaires soient réglés d'après les prix des mercuriales des marchés.

Aussi, tous les efforts doivent-ils tendre à rétablir et conserver l'équilibre entre le taux habituel du prix de la main-d'œuvre et celui des denrées alimentaires. Ici l'intérêt des chefs d'industrie est d'accord avec celui des travailleurs. Car il faut bien que ceux-ci puissent vivre et conserver leur santé et leurs forces pour que la besogne se fasse convenablement. Les hommes les plus éminents et les mieux placés pour apprécier les besoins des classes ouvrières, ont compris cette vérité et s'efforcent de la faire prévaloir. La cherté exceptionnelle de ces dernières années a déterminé la réunion à Bruxelles, au mois de septembre 1856, d'un *Congrès international de bienfaisance*, où la question alimentaire a été traitée dans tous ses détails. Les résolutions prises dans cette importante assemblée, dans laquelle les principaux pays du monde étaient dignement représentés, ne pourront manquer d'exercer une heureuse influence et de suggérer des remèdes applicables à l'état de choses qui pèse si rudement sur le peuple (1).

L'ouvrier, absorbé par son labeur quotidien, est, par lui-même, impuissant à s'en occuper : il ne peut contribuer à assurer l'efficacité des mesures qui sont prises en vue d'améliorer son sort, que par sa patience, sa bonne conduite et son ardeur au travail, qualités dont il donne chaque jour de si éclatantes preuves. Aussi ne l'oublie-t-on pas : qu'il en soit bien convaincu.

(1) Nous ne pouvons résister au désir de consigner ici et de signaler aux sympathies et à la reconnaissance des classes ouvrières, les noms des hommes distingués qui, en Belgique, s'occupent spécialement de l'amélioration de leur sort et qui ont organisé ce Congrès. Ce sont MM. le comte Arrivabene, président de la Société des Économistes belges, E. Bidaut, inspecteur général de l'agriculture, Éd. Ducpetiaux, inspecteur général des prisons et des établissements de bienfaisance, Ch. Faider et Ch. Rogier, anciens ministres, Éd. Romberg, directeur au Ministère de l'Intérieur, et Aug. Visschers, conseiller au Conseil des mines. Il n'est pour ainsi dire pas de mesure portée en faveur du bien-être et de l'amélioration matérielle et morale de la condition des ouvriers, à laquelle quelqu'un d'entre eux, et notamment MM. Ducpetiaux et Visschers, n'ait coopéré. Je crois me faire l'interprète des sentiments des ouvriers de toutes les industries, en exprimant notre profonde gratitude pour les généreux et féconds efforts de ces hommes de bien.

En attendant, il doit chercher à s'accommoder aux circonstances. — Ce point m'amène naturellement, camarades, à vous parler des associations constituées en vue du maintien des salaires.

Utiles dans leur principe, car elles ont pour but de sauvegarder les intérêts sacrés des ouvriers aussi bien que ceux des maîtres, elles sont malheureusement souvent faussées dans l'application, et ne tiennent peut-être pas assez compte des progrès qui s'accomplissent incessamment dans l'industrie, sous le rapport des facilités du travail.

Elles reposent d'ordinaire sur l'une ou l'autre des deux règles suivantes, qui offrent de sérieuses difficultés d'exécution :

1° Ou bien elles se fondent en prenant pour base le taux du salaire tel qu'il est établi par l'usage dans chaque atelier d'une localité ;

2° Ou bien elles déterminent arbitrairement ce taux, en fixant un *minimum* de salaire, au-dessous duquel l'associé ne pourra plus travailler.

Le premier mode présente une contradiction flagrante, en ce sens que l'ouvrier quittera un établissement pour une atteinte portée aux usages de la maison, et ira sans scrupule travailler au même ouvrage dans l'atelier voisin pour le prix qu'il aura refusé dans le premier. Il en résulte qu'il place le patron qui lui accorde le salaire le plus élevé, dans une certaine position d'infériorité à l'égard d'autres, position qui entraîne des conséquences sur lesquelles nous croyons superflu d'insister.

Le second mode, en palliant une partie des effets fâcheux, mais inévitables, du premier, a néanmoins aussi de sérieux inconvénients.

En déterminant un *minimum* de salaire au-dessous duquel le sociétaire ne pourra plus travailler (et remarquons, en passant, que ce *minimum* devient la règle absolue), ce système a la prétention d'établir un principe d'égalité que les faits viennent démentir chaque jour. S'il élève les uns, ce n'est qu'en abaissant les autres. Évidemment, tous les ouvriers n'ont pas la même intelligence de leur profession, le même degré de capacité et d'habileté ; un grand nombre sont réellement actifs, d'autres sont apathiques, et, en fait d'ouvrage, n'ont en vue que la fin de leur journée. Il y a donc certainement injustice, ou plutôt faux calcul, à accorder le même salaire aux derniers qu'aux premiers : le principal stimulant de l'ouvrier, l'émulation, disparaît ici complétement, et c'est à cette circonstance sans aucun doute qu'il faut attribuer l'introduction, dans certaines industries, du système de travail aux pièces ou à forfait.

De plus, la société en fixant le taux du salaire, doit nécessairement aussi déterminer certains degrés de capacités, indépendamment des conditions d'âge et d'apprentissage. D'où suivent plusieurs conséquences forcées pour l'association, sans parler des ouvriers qui n'y adhèrent pas et qui en sont dès lors les ennemis déclarés :

1° Ou elle repousse les candidats supposés inaptes, ou entachés d'un vice quelconque; — ceux-ci vont alors, sans scrupule aucun, supplanter ses membres ;

2° Ou bien elle les admet. Ils dépopularisent alors la société et sont une charge permanente pour elle.

De remède à cet état de choses, il ne peut y en avoir que dans la participation directe des patrons aux associations dont il s'agit. Au lieu de les considérer comme contraires à leurs intérêts, les patrons devraient les encourager, les diriger dans les voies de la saine raison, les protéger comme leurs véritables auxiliaires; au lieu de chercher à les faire disparaître en les discréditant ou en portant de perpétuelles atteintes au principe qu'elles consacrent, ils devraient provoquer la création d'associations nouvelles et régénérer celles qui existent aujourd'hui.

Malheureusement, par un faux sentiment d'indépendance, méconnaissant la solidarité d'intérêts qui existe entre eux et les travailleurs, ils repoussent presque tous cette idée, qui deviendra pourtant, dans un avenir prochain peut-être, la seule barrière qu'ils pourront opposer à la concurrence sans bornes qui les écrase aujourd'hui et transforme le champ de l'industrie, autrefois si paisible, en un véritable champ de bataille.

En général, et il importe essentiellement de détruire ce préjugé, les patrons croient que les associations ouvrières en vue du maintien des salaires, sont hostiles à leurs intérêts. Il n'est pas besoin de grands efforts pour leur démontrer le contraire.

En effet, quand il y a réduction sur le salaire de l'ouvrier, il y a presque toujours aussi diminution des bénéfices du patron. Le désir naturel d'agrandir le cercle de ses affaires, porte le patron à ne point profiter de la réduction qu'il se croit obligé d'imposer aux travailleurs qu'il emploie. Il en résulte que la perte que subissent tous ensemble les ouvriers d'un établissement, le patron, lui, la subit seul. Relativement, pour l'ouvrier, cette perte n'est pas toujours très-sensible ; pour le patron, elle est souvent la cause d'une ruine imminente.

Si les patrons voulaient se donner la peine de réfléchir à l'effet moral que produisent les réductions de salaires, si minimes qu'elles soient, ils se garderaient bien, j'en ai l'intime conviction, de les opérer, si ce n'est à la dernière extrémité et après avoir épuisé inutilement tous les autres moyens.

Prétendre qu'un ouvrier produise autant et aussi bien qu'auparavant, lorsqu'on réduit son salaire, serait une grave erreur. Il le voudrait, qu'il ne le saurait point. Cette réduction jette dans son âme un profond découragement, un dégoût insurmontable que les besoins quotidiens, les remontrances mêmes d'êtres qui lui sont chers, ne parviennent pas à surmonter. S'il travaille à la journée, les produits s'en ressentent en quantité; s'il est à ses pièces, ils s'en ressentent en qualité. Cette conséquence est logique : la dépréciation du salaire entraîne inévitablement l'imperfection du travail.

VIII

DE LA COALITION ET DE SES CONSÉQUENCES.

—

Savez-vous, camarades, ce que la loi entend par *coalition d'ouvriers?* Cette expression signifie une entente quelconque entre des ouvriers, relative soit à une cessation absolue, à une interdiction ou à un empêchement temporaire de travail dans un ou plusieurs ateliers ; soit à la convention de ne pas s'y rendre avant des heures déterminées ou de ne pas y rester après un temps fixé ; soit à des réclamations pour augmentation dans le prix des salaires et main-d'œuvres ; soit, enfin, à toute espèce de défense et condamnations pécuniaires de la part des ouvriers contre les chefs et directeurs d'ateliers, contre les entrepreneurs d'ouvrages et plus particulièrement contre les ouvriers, leurs compagnons.

Vous le voyez, les cas de coalition sont multiples et les actes en apparence les plus insignifiants peuvent tomber sous l'application de la loi qui est très-sévère à cet égard, puisque toute tentative de coalition peut entraîner, pour les ouvriers, un emprisonnement d'un à trois mois, et pour les chefs ou moteurs, de deux à cinq ans.

Autant pour vous prémunir contre tout entraînement irréfléchi que pour vous faire connaître d'une manière plus complète les différents cas de coalition, je crois utile de vous en tracer un exposé plus détaillé.

Ainsi, aux termes de la législation actuelle, vous pouvez être prévenu de coalition et condamné comme tel, dans les cas suivants :

1° En empêchant, d'une manière quelconque, un ou plusieurs ouvriers de se rendre à l'atelier :

a. Soit en les détournant par voie de conseils ;

b. Soit en les enivrant ;

c. Soit en mettant obstacle, par menaces ou condamnations, à leur désir de travailler à telles conditions qui leur conviennent ;

d. Soit en les injuriant, en leur disant, par exemple, qu'ils font acte de mauvais camarade, etc. ;

e. Soit en leur offrant de l'argent ou autre chose, à l'effet de les détourner de l'atelier.

2° En vous opposant à l'exécution des règlements d'ordre intérieur de l'atelier :

a. Soit par le refus, concerté avec un ou plusieurs de vos collègues, d'exécuter certaine besogne, ou en empêchant d'autres de la faire ;

b. Soit en apportant volontairement des obstacles à l'exécution du règlement ou des usages reçus, par voie de conseils ou par empêchement quelconque ;

c. Soit en entravant sciemment le travail de vos compagnons.

3° En convenant de ne plus travailler qu'à des conditions ou pendant un temps déterminé, autres que ceux consacrés par l'usage ou des conventions ;

4° En voulant imposer à votre patron un ouvrier dont il ne voudrait point ;

5° En vous concertant avec vos compagnons pour cesser les travaux, en cas que l'un ou l'autre serait renvoyé à la suite d'un manquement non autorisé ;

6° En menaçant d'abandonner votre travail pour soutenir les prétentions de vos collègues.

Ainsi, bien que les cas de coalition soient nombreux, ils peuvent cependant être ramenés à ce ce point principal : *Ni défendre ni entraver le travail chez autrui, de quelque manière que ce puisse être.*

En l'observant rigoureusement, on peut être certain de ne jamais être exposé à aucune poursuite.

Si un patron offre à un ouvrier un salaire moindre que d'habitude, ou veut lui imposer d'autres conditions de travail que celles consenties de part et d'autre, l'ouvrier est parfaitement en droit de refuser et de se retirer, si bon lui semble. Nul ne peut l'obliger à faire ce qu'il ne veut point. Mais là se borne son droit. S'il empêche d'autres de faire la besogne, ou bien si l'un ou plusieurs de ses compagnons quittent leurs travaux, afin de mettre le maître en peine et de l'amener, par ce moyen, à accorder le prix ou le privilége demandé, quand même l'ouvrage en litige ne leur aurait pas été offert, cet ouvrier et ses compagnons tombent nécessairement sous l'application de la loi.

A la vérité, la loi est bien sévère, direz-vous ; — oui, trop sévère, car quelquefois pour un coup de tête, elle frappe rudement l'ouvrier ; elle l'atteint dans ses intérêts privés, dans sa famille, dans sa liberté. — On objectera, sans doute, qu'elle n'est pas une lettre morte non plus pour le maître; en effet, si ce dernier était convaincu de coalition avec d'autres patrons, tendant à faire baisser injustement le taux des salaires, ou à augmenter abusivement les heures de travail, il serait condamné tout comme l'ouvrier.

Cela peut être vrai dans la théorie, mais dans l'application gît une différence essentielle et qui n'a peut-être pas été assez remarquée jusqu'ici. L'ouvrier se trouve placé à l'égard de son patron dans une position d'inégalité regrettable : comme on ne se coalise pas tout seul, sous le premier prétexte venu, le maître pourra renvoyer 50, 60 ouvriers et même plus, s'il lui plaît, sans que personne n'ait rien à y voir, et pourtant ces mêmes ouvriers ne pourraient ensemble quitter leur maître sans tomber sous l'application de la loi.

Par exemple, quand les circonstances autorisent une augmentation des salaires dans une fabrique employant un grand nombre d'ouvriers, les réclamations se produisent ordinairement d'une manière simultanée, par la raison bien simple que, faites isolément, elles n'auraient aucun résultat. N'est-il pas toujours facile alors au patron de déclarer qu'elles sont concertées et de faire poursuivre ses ouvriers comme coupables du délit de coalition? Évidemment, oui! — Si, au contraire, par l'abondance des bras ou l'introduction d'un moteur mécanique, le patron tente d'abaisser le salaire ou d'augmenter la journée de travail, les ouvriers seraient-ils autorisés à l'attraire en justice pour conserver leur salaire ou leurs prérogatives? — Certainement, non! Il y a donc d'un côté un droit qui devient exorbitant parce qu'on le méconnaît de l'autre.

Nous n'avons pas besoin d'apprendre à personne que si les ouvriers élèvent quelquefois des prétentions exagérées, les maîtres sont aussi souvent exigeants. Si le fait de la coalition n'était destiné qu'à sauvegarder des intérêts sacrés, qu'au maintien légal d'un taux convenu de main-d'œuvre, il serait sans doute très-excusable. Ce ne serait plus là de la coalition, mais bien une résistance légitime, sinon légale, à des actes attentatoires au prix de la main-d'œuvre.

Mais, quelles que soient nos sympathies pour nos camarades, nous devons reconnaître que la coalition est quelquefois aussi l'œuvre d'un entraînement irréfléchi que nous déplorons sincèrement;

et nous n'hésitons pas à la condamner hautement lorsqu'elle est due à cet esprit de résistance tracassière qui caractérise certains ouvriers, en petit nombre heureusement, qui croient avoir garanti leur pain et sauvegardé leur salaire, parce qu'ils ont mis un moment leur patron dans l'embarras, et dont l'unique souci est d'entraîner leurs compagnons qui, sous le stimulant de quelques verres de bière, prêtent trop facilement l'oreille à leurs perfides suggestions, au détriment de leur propre considération et de l'intérêt général qu'ils prétendent défendre et qu'ils ne font que compromettre.

D'autres fois encore, la coalition est le fait de quelque mauvais sujet, qui se pose en victime, et qui, parce que le maître veut le punir de ses écarts et des négligences qui en résultent pour la besogne, cherche à colorer sa disgrâce sous un faux semblant de *bon compagnon*, en abandonnant l'atelier sous prétexte que l'on porte atteinte à ses prérogatives, et qui, en entraînant ses collègues, semble se sacrifier pour l'intérêt général.

Ces gens-là sont une véritable peste pour l'ouvrier honnête et laborieux, envers lequel ils exercent une pression d'autant plus vexatoire qu'ils paraissent résister légalement et sont ainsi encouragés par la masse des ouvriers qui, en général, ne jugent que sur l'apparence des choses et sont tout portés à condamner la conduite de ceux qui ne feraient pas comme eux.

Cette pression s'exerce surtout au cabaret. Là les faits les plus insignifiants deviennent souvent le texte de graves accusations, en face desquelles l'ouvrier qui a résisté jusqu'alors, cède forcément. Car si sa conduite de travailleur est pure de toute tache, on l'attaquera dans sa vie privée, on le menacera, on le flétrirera dans l'opinion de ses pairs... Il cède devant cette pression aussi tyrannique que dégradante; il cède contre sa conviction intime, avec la conscience de sa sottise; il cède, car il a peur des menaces de ses confrères, et la coalition s'accomplit!

J'en conjure instamment chacun de vous : lorsqu'un cas de coalition se présente, qu'il raisonne sa position, qu'il apprécie sainement les circonstances exceptionnelles qui ont obligé son maître à changer les conditions de travail; qu'il représente à ce dernier, en termes dignes, mais fermes, l'injustice qu'il y aurait à lui faire subir les conditions onéreuses qu'il veut imposer; qu'il emploie tous les moyens légitimes qui sont en son pouvoir pour le faire revenir sur sa décision, et, j'en ai l'intime conviction, sur cent cas de coalition qui peuvent surgir, quatre-vingt-dix neuf s'arrangeront à l'amiable. — Si, contre toute attente, le patron persiste dans sa résolution, et que l'ouvrage vous est présenté, refusez dignement de le faire, et retirez-vous sans bruit et sans engager les autres à faire comme vous. Tant que la besogne ne vous est pas offerte en dehors des conditions ordinaires, vous ne pouvez quitter l'atelier par connivence, ni apporter des entraves, mêmes indirectes, au désir des autres de l'exécuter.

De leur côté, les efforts des maîtres doivent tendre vers un seul but : éviter les coalitions et tout ce qui peut les provoquer. Comme ils sont, en général, meilleurs appréciateurs que les ouvriers des déplorables conséquences auxquelles elles aboutissent, leur conduite serait impardonnable s'ils s'exposaient à les susciter, surtout en vue du lucre qui en résulterait pour eux.

Au surplus, la législation sur les coalitions réclame d'importantes réformes. Établie à une époque où l'on avait créé un *maximum* des salaires, sous le régime actuel de la liberté du travail elle a perdu son principal fondement et par suite sa justification. Arme terrible entre les mains du maître, elle est une menace perpétuelle suspendue sur la tête de l'ouvrier, qui est ainsi maintenu dans un état de sujétion peu en rapport avec nos institutions libérales. A l'exemple de l'Angleterre, où la loi n'intervient dans les contestations entre patrons et ouvriers que pour autant que l'ordre public soit troublé, espérons que, dans un avenir prochain, la législature en Belgique comprendra la nécessité de sauvegarder les intérêts réciproques des chefs d'industrie et des travailleurs, sans les sacrifier les uns aux autres.

IX

DE L'HYGIÈNE ET DE LA PROPRETÉ DE L'ATELIER.

Lorsqu'on réfléchit aux causes d'insalubrité inhérentes à l'exercice de la plupart des professions industrielles, on ne peut s'empêcher de reconnaître que les soins hygiéniques et la propreté de l'atelier exercent une grande influence sur la santé de l'ouvrier et sur la bonne et prompte exécution de la besogne. A ce titre, quelques recommandations spéciales ne seront pas superflues.

En général, l'ouvrier méconnaît trop souvent l'importance de la propreté dans l'atelier : c'est donc aux patrons qu'il appartient d'y veiller et d'y tenir strictement la main, autant dans l'intérêt de la santé des personnes qu'ils occupent, que dans celui de la parfaite conservation de leur matériel de travail.

L'aérage et la ventilation des salles de travail, qui figurent au premier rang des préceptes de l'hygiène, doivent avant tout fixer leur attention, car c'est malheureusement là le point par lequel pêchent un grand nombre d'établissements industriels, du reste fort bien organisés sous d'autres rapports. Ces précautions doivent naturellement varier selon les professions et être combinées en raison des matières que l'on manipule dans les ateliers, de la poussière ou de la chaleur plus ou moins grande que cette manipulation occasionne, et qui, à la longue, finissent par exercer une influence débilitante ou même meurtrière sur les individus qui y sont soumis.

Le blanchîment de l'atelier au lait de chaux doit avoir lieu au moins une fois par an. Outre qu'il provoque d'ordinaire un nettoyage général des salles de travail et fait disparaître les dépôts d'ordures qui se forment à la longue dans les coins et au-dessous des grandes pièces, il est par lui-même très-sain et contribue à donner à l'atelier un aspect plus attrayant en favorisant l'action de la lumière.

La propreté de l'atelier et la bonne tenue du matériel, sont choses non moins utiles à recommander. On travaille avec tant de plaisir dans un atelier où tout est net et bien rangé! Il en résulte une si grande économie pour le patron et l'ouvrier, que la peine que l'on se donne pour obtenir cet avantage est insignifiante en comparaison des bénéfices que l'on en retire nécessairement. En effet, pour l'ouvrier, il y a économie de temps dans la main-d'œuvre, en ce qu'il peut presque toujours, là où l'ordre règne, mettre la main à l'instant sur les objets dont il a besoin; le travail s'en ressent aussi : il est généralement plus parfait, mieux fini, que s'il s'exécutait dans des conditions de malpropreté et de confusion.

Pour le patron, les avantages de l'ordre et de la propreté sont encore plus marquants. Outre qu'il travaille avec un matériel relativement moins considérable, qui ne sait que par l'entretien constant, par de petites réparations faites en temps opportun, surtout pour ce qui est du ressort de la mécanique, il conserve non-seulement ses outils et ses machines beaucoup plus longtemps, mais encore prévient des chances de perte qui, dans d'autres conditions, seraient inévitables?

L'atelier doit être, si faire se peut, balayé tous les jours et écuré le plus fréquemment possible. Les ustensiles, et notamment les machines et les pièces de métal, doivent être soigneusement nettoyés toutes les semaines, si l'on veut les préserver de la rouille et d'une destruction hâtive. Peu d'instants suffisent à cet entretien, tandis qu'en le négligeant on s'expose non-seulement à de grosses et dispendieuses réparations, mais encore à passer un temps dix fois plus considérable pour mettre ces objets en ordre.

Les recommandations à faire à l'ouvrier sous le rapport hygiénique doivent évidemment aussi varier selon les professions et les caractères d'insalubrité qu'elles présentent. Cependant, il est utile pour toutes de prescrire la grande propreté du corps et l'abstinence de tout excès de boisson, qui sont les plus puissants remèdes à opposer à l'influence des métiers malsains.

Il est sans doute très-peu de professions qui soient absolument exemptes d'inconvénients pour la santé; il s'en trouve même qui exposent à de nombreux périls. Mais les dangers et l'insalubrité relative de la plupart de ces industries peuvent, dans bien des cas, être combattus par les plus simples précautions, dont la négligence entraîne tant d'accidents déplorables. On ne peut méconnaître toutefois que les conditions de travail, dans le plus grand nombre d'entre elles, exercent une influence bien autrement sensible sur la santé et le développement physique des ouvriers, que le travail proprement dit. Dans toutes les industries où les ateliers sont convenablement établis, où les salaires sont en proportion avec les besoins de la vie et où il n'y a pas de fréquents chômages, les ouvriers jouissent généralement d'une bonne santé, lorsqu'ils sont sobres et rangés. A peine peut-on citer une exception à cet égard pour le travail du plomb, du cuivre et de certaines préparations chimiques. Du reste, que l'ouvrier le sache bien : par l'observation des plus simples règles d'hygiène et de précaution, par l'abstinence des boissons fortes, par l'ordre et la bonne conduite, qui lui permettent de se nourrir, de se vêtir et de se loger convenablement, il peut, sinon détruire les causes défavorables à sa santé, au moins opposer de puissants palliatifs à l'insalubrité des professions réputées les plus meurtrières.

X

DES ASSOCIATIONS DE PRÉVOYANCE ET DE LA CAISSE DE RETRAITE.

Les causes les plus ordinaires de la détresse chez l'ouvrier, celles qui l'obligent à une lutte continuelle, qui commence à l'adolescence pour ne finir qu'à la tombe, sont sans contredit les maladies et la cherté des subsistances comparativement au taux de la main-d'œuvre.

Pour les combattre, il existe deux moyens principaux : la charité d'autrui et la prévoyance personnelle.

Le premier de ces moyens rabaisse l'artisan à ses propres yeux : il ne peut être justifié que par une extrême nécessité, résultant d'un concours d'événements exceptionnels.

Le second, honore et élève l'homme, lui donne la mesure de sa puissance comme être civilisé et lui procure des jouissances et un bonheur réels.

Interrogez l'ouvrier honnête, mais imprévoyant, qui, arrivé à la fin d'une vie de labeurs incessants, est obligé de tendre la main, il vous dira combien est amer le pain de la charité !

Interrogez aussi l'artisan qui a pu parer aux mauvais jours qui peuvent l'atteindre, aux maux qui peuvent le frapper, il vous dira combien sont doux les fruits de la prévoyance!

Le premier maudira d'ordinaire l'organisation sociale qui l'oblige à tendre la main, oubliant trop peut-être qu'il ne doit s'en prendre qu'à lui-même de sa détresse et de son abaissement.

Le second s'applaudira de sa prévoyance, qui non-seulement l'a mis à l'abri du besoin, mais encore lui a inculqué les idées d'ordre et de sagesse qui lui servent de sauvegarde dans le rude sentier du travail.

Deux moyens s'offrent à l'ouvrier pour mettre sa prévoyance en pratique :

1° L'économie individuelle ;

2° L'association de ses épargnes à celles de ses camarades, pour mieux faire face aux accidents et aux malheurs qui peuvent l'atteindre.

L'un de ces moyens est personnifié par la caisse d'épargne, l'autre, par la société de secours mutuels ou l'association de prévoyance. A beaucoup d'égards, ce dernier est préférable au premier.

Parmi ses avantages, on peut citer les suivants :

1° Ceux que procurent en toute chose l'union ;

2° L'émulation ;

3° L'échange de bons rapports et de procédés bienveillants entre les associés ;

4° L'encouragement à l'ordre et à la bonne conduite indispensables pour faire partie d'une société de secours mutuels ;

5° Et, enfin, l'obligation de persister dans ses idées de prévoyance, sous peine de perdre tous les droits qu'on s'est acquis.

Ces avantages ont été tellement bien compris en Belgique, qu'on y compte actuellement environ 250 sociétés de secours mutuels, établies dans les villes et communes du royaume, avec plus de 30,000 participants.

En évaluant seulement à 1 franc par mois et par membre la contribution des participants qui est, en général, exclusivement destinée à leur venir en aide en cas de maladie ou d'accident, on arrive au chiffre de 360,000 francs distribués chaque année en secours de toute nature par les ouvriers eux-mêmes à leurs confrères.

Ce résultat déjà si remarquable au point de vue matériel, en ce qu'il vient dégrever les caisses publiques et même la charité privée de charges qui leur incomberaient en l'absence de cette prévoyante mutualité, l'est bien davantage encore sous le rapport moral.

En règle générale, on peut être certain que tous les participants à une association de secours mutuels ou de prévoyance, sont des hommes rangés, des ouvriers laborieux et probes. L'affiliation à une telle association est un véritable brevet de moralité et souvent de capacité, et, à ce double titre, elle offre aux patrons les meilleures garanties qu'ils puissent désirer chez les ouvriers qu'ils associent, pour ainsi dire, à la gestion de leurs affaires. En outre, la tranquillité qu'elle inspire à l'artisan, qui n'est plus sous le coup d'éventualités désastreuses qu'amènent les maladies et leurs suites, doit aussi compter pour quelque chose, et décider l'ouvrier qui, pour une cause quelconque, s'en est tenu éloigné, à profiter des avantages que leur présentent ces institutions.

La haute importance des sociétés de secours mutuels a été partout appréciée à sa juste valeur : en France, M. le baron de Gérando, en Angleterre, M. Morton-Eden, dans leurs beaux ouvrages sur la bienfaisance publique et la situation des pauvres, se plaisent à constater qu'il n'y a pas d'exemple qu'un membre d'une société de prévoyance se soit jamais présenté à un bureau de bienfaisance pour être admis sur les listes des secours à domicile.

Ces sociétés si incontestablement utiles aux ouvriers, ont revêtu, en Belgique, des formes multiples : les unes accordent des secours pécuniaires en cas de maladie, d'accidents ou d'infirmités, en y ajoutant le plus souvent les frais de funérailles et même les soins médicaux qu'elles étendent parfois à la famille des membres : ce sont les sociétés de secours mutuels proprement dites ; les autres ont en vue l'achat en commun de provisions d'hiver, de vêtements, d'outils, etc. : ce sont les associations dites *de prévoyance;* d'autres encore, mieux avisées, embrassent dans leur cercle d'opérations l'affiliation de leurs membres à la Caisse générale de retraite fondée par l'État, et dont nous parlerons tout à l'heure.

Désirant seulement convier les ouvriers en général à participer aux sociétés de secours mutuels, ainsi qu'aux associations de prévoyance, et engager ceux qui déjà en font partie à persévérer dans cette voie si féconde en bons résultats, il n'entre pas dans notre plan d'exposer les principes qui doivent guider dans la formation des associations de cette nature : ces principes ont été vulgarisés chez nous par les remarquables rapports de la Commission permanente des sociétés de secours mutuels créée près le Ministère de l'Intérieur, à la suite de la loi du 3 avril 1851, qui stipule les conditions auxquelles les sociétés dont il s'agit peuvent être reconnues, ainsi que les avantages attachés à l'approbation de leurs statuts.

Disons seulement que la première règle indispensable à leur maintien et à leur prospérité, est d'établir une proportion exacte entre les revenus des associations et la quotité des secours qu'elles sont appelées à distribuer à leurs membres. Ces secours ne doivent avoir qu'un caractère essentiellement temporaire et strictement limité. Du moment où l'on veut les étendre à la vieillesse et aux infirmités permanentes, l'existence des associations est sérieusement compromise. Souvent, en commençant, surtout en vue de s'attirer des membres, elles fixent trop bas le montant des cotisations. Les premières années, où les recettes excèdent généralement les dépenses, semblent leur donner raison : elles diminuent alors la contribution, ou plus ordinairement élèvent les secours. Mais elles perdent généralement de vue qu'un grand nombre de membres, entrés en même temps dans l'association, vieillissent ensemble, ce qui cause un notable accroissement dans le nombre de jours de maladie, dans les charges de toute espèce qui lui incombent, et devant lesquelles finit par succomber l'institution, et cela après avoir prospéré pendant quinze ou vingt ans, précisément au moment où la généralité des participants espèrent en retirer la part des sacrifices qu'ils se sont imposés.

Cet inconvénient si grave avait depuis longtemps frappé les hommes qui, dans notre pays, s'occupent de l'amélioration de la condition des ouvriers : aussi le gouvernement s'empressa-t-il de saisir la législature de la question, et la loi du 8 mai 1850, portant création d'une Caisse générale de retraite fondée par l'État, vint donner satisfaction à un besoin généralement reconnu.

En présence des maux qu'il a sans cesse sous

les yeux, l'ouvrier appréhende l'avenir : sa plus grande crainte est de vieillir, car, pour lui, la vieillesse, c'est la misère. Arrivé à un certain âge, cette crainte, au lieu d'accroître son activité, la paralyse, mine son existence et en fait un véritable martyre. La présence, les encouragements d'êtres qui lui sont chers, ne viennent qu'imparfaitement adoucir l'amertume de cette position, et dans chacun de ses enfants, il voit un malheureux inévitablement voué au même sort que le sien. Chose bien triste à constater, l'hospice est l'objet de ses vœux ; l'hospice qui le prive de ces doux soins de famille que rien ne remplace, qui l'enlève à ses plus chères habitudes, mais où du moins il espère trouver du pain, devient le but constant de ses aspirations. Mais quelque vastes et quelque nombreux que soient ces établissements, ils ne peuvent suffire aux nombreuses demandes d'admission qui se produisent chaque jour, et qui ont forcé les administrations charitables à imposer des conditions d'âge, telles que l'ouvrier n'y est, en définitive, admis qu'aux portes de la tombe (à soixante et dix ans), après dix ou quinze années de misère, par suite de la cessation forcée de ses travaux ou d'un salaire devenu insuffisant pour pourvoir aux plus pressants besoins de la vie.

La création d'une institution destinée à transformer totalement cet état de choses, aussi déplorable qu'il est réel, ne peut certainement que rencontrer les sympathies de l'ouvrier. Le gouvernement et la législature l'ont compris. Mais en décrétant l'organisation de la Caisse de retraite, ils n'ont pu malheureusement lui créer du même coup des adhérents. Pour qu'elle puisse répondre aux intentions de ses fondateurs, il faut la faire connaître à l'ouvrier, la lui faire apprécier, non par la voie des journaux qu'il ne lit généralement pas, mais par la seule voie qui soit capable de frapper fortement son esprit : par l'association avec ses confrères, par la propagande entre les artisans eux-mêmes. — Il faut que l'ouvrier intelligent et jaloux de son caractère d'indépendance, dise et redise à l'ouvrier indifférent :

— Camarade, pour toi, pour tous, s'ils le veulent, plus de soucis pour les vieux jours ; plus de ces craintes qui t'assiégent sans cesse pour l'époque où tu ne sauras plus travailler, et que, dans ton ignorance, tu combats quelquefois par ce fatal conseiller qu'on appelle *la boisson*, qui te plonge dans l'abrutissement et dans la misère ; plus de ces appréhensions pour l'instant où tu devrais recourir à la charité publique ou implorer tes proches pour soutenir ton existence. Non ! pour toi, pour tous, un avenir assuré, une pensée consolante qui te fortifiera dans ton labeur, qui t'aidera à supporter patiemment les privations qui nous sont communes ; un guide moral et pour ainsi dire infaillible, un lien qui t'attachera à ta famille, aux institutions de ton pays, au sol qui t'a vu naître; un motif de tranquillité pour les conséquences des nombreux accidents qui peuvent te frapper chaque jour, chaque heure; un stimulant capable de te soutenir dans les plus fortes crises de l'existence, un but honorable qui te fera toujours distinguer entre tes pairs; un brevet de moralité qui te facilitera l'accès de toutes les positions auxquelles tu pourrais prétendre par tes connaissances; un sujet de douces causeries, de projets d'avenir entre toi et ta compagne! Tout cela, camarade, se trouve résumé dans ta participation à la Caisse de retraite. — Mais, observeras-tu, la difficulté est de s'y affilier... Par toi-moi-même, et surtout à l'époque où nous vivons, j'en conviens et j'en sais même quelque chose; mais ne peux-tu pas y parvenir par l'association avec tes confrères? Raconte à tes amis ce que je viens de te dire; ajoutes-y, si tu veux, un raisonnement analogue à celui-ci : Voyons, camarades, nous sommes ici vingt ouvriers qu'un malheureux sort attend dans l'avenir; nous vivons pour ainsi dire au jour le jour, sans espoir d'être plus avancés le lendemain que la veille. N'est-ce pas un peu de notre faute? Si nous nous réunissons pour une partie de plaisir, si nous nous associons pour remédier aux embarras que peut causer un accident temporaire, quelques jours de maladie, ne pourrions-nous pas également nous associer pour prévenir les malheureux effets de la grande catastrophe qui attend la plupart d'entre nous : l'incapacité de travail, l'infirmité permanente? Évidemment, oui! Si le sacrifice doit être grand, le but l'est également : ce but, c'est la sécurité de l'avenir et le repos du cœur. Essayons toujours : que risquons-nous, puisque de toute manière nous n'en sommes guère plus riches?

Les patrons, les administrations locales, protecteurs naturels de l'ouvrier, ne pourraient qu'applaudir et aider à une telle résolution, qui, entre autres résultats, présenterait incontestablement les suivants :

Amoindrissement considérable des charges de la bienfaisance publique; influence salutaire, permanente sur la conduite de l'ouvrier; consécration suprême de son indépendance à la fin de ses jours de labeurs; sécurité pour le pays, à la tranquillité et par conséquent à la prospérité matérielle duquel chaque rentier de la Caisse verrait son existence attachée; prétexte enlevé à l'élément révolutionnaire; prolongation de la moyenne de la vie; sécurité pour la propriété; puissant lien moral et garantie certaine d'ordre; resserrement des liens qui doivent unir la famille; — telles seraient les conséquences presque immédiates d'une vaste adhésion à la Caisse générale de retraite.

Mais, camarades, pour beaucoup d'entre vous, j'aurais dû commencer par faire connaître ce que c'est que la Caisse générale de retraite. Je me hâte de réparer cet oubli.

Cette institution a pour but principal de fournir à toute personne prévoyante, sans distinction de sexe ni de profession, les moyens de se ménager des ressources certaines pour la vieillesse, au moyen de la constitution d'une rente viagère.

Pour acquérir une rente, il faut avoir atteint l'âge de dix-huit ans.

L'acquisition de la rente doit précéder de cinq ans au moins l'entrée en jouissance. Elle peut se faire, au gré de l'assuré, pour entrer en jouissance à cinquante-cinq, à soixante ou à soixante-cinq ans. C'est le plus souvent le premier âge que choisissent les assurés : pour les années 1851 à 1855, le tantième des rentes constituées pour l'âge de cinquante-cinq ans, s'est élevé à plus de 56 p. %. Le même assuré peut du reste acquérir des rentes pour des âges différents.

Toute personne assurée, dont l'existence dépend de son travail, et qui, avant l'âge fixé par l'assurance, se trouverait, par la perte d'un membre ou d'un organe, par une infirmité permanente résultant d'un accident survenu dans l'exercice ou à l'occasion de l'exercice de sa profession, incapable de pourvoir à sa subsistance, jouira immédiatement de la rente qu'elle aura acquise depuis cinq ans au moins, sans que cette rente puisse toutefois, dans ce cas particulier, dépasser 360 fr.

Les rentes s'acquièrent d'après des tarifs réglés par un arrêté royal, et calculés à l'intérêt de 4 $^1/_2$ p. %.

Pour vous donner une idée de la somme à payer pour acquérir, par exemple, une rente viagère de 12 francs, supposons que vous soyez âgés de trente ans révolus et que vous désiriez entrer en jouissance de votre rente à cinquante-cinq ans : le montant du prix d'acquisition, que vous pouvez verser en une ou plusieurs fois, sera de 32 francs ; mais si vous vouliez différer la jouissance jusqu'à soixante ans, ce prix s'abaisse à 20 francs, et jusqu'à soixante-cinq ans, à environ 11 francs.

Le chiffre le plus bas de la première rente est fixé à 24 francs ; le montant des rentes accumulées ne peut dépasser 720 francs. Après la constitution d'une première rente de 24 francs, l'assuré peut acquérir, aussi souvent que ses moyens le lui permettent, une ou plusieurs rentes de 12 francs, qui s'ajoutent à la première. Ce système, qui permet d'appliquer à la constitution de rentes des sommes très-modiques, a été adopté afin de rendre la Caisse accessible à ceux qui ne peuvent faire que de faibles épargnes sur le produit de leur travail, particulièrement aux ouvriers.

On comptait, au 31 décembre 1855, 1,384 participants, qui, ensemble, avaient versé une somme totale de 354,438 francs. Le chiffre des rentes acquises s'élevait à la même époque à 105,924 fr.

Aucune institution n'offre de plus sérieuses garanties que la Caisse générale de retraite fondée par l'État : son administration est confiée, sous la direction toute désintéressée, toute bienveillante du gouvernement, à une commission de cinq membres nommés par le Roi lui-même. Aussi l'artisan désireux et ayant les moyens de garantir son avenir, ne saurait placer ses épargnes en meilleures et plus dignes mains.

Dans les chapitres qui vont suivre, je me suis attaché plus particulièrement à considérer l'ouvrier sous le rapport de sa condition sociale, et à lui signaler les déplorables conséquences de l'inconduite, des mauvaises connaissances et des mauvaises lectures. Cet aperçu de ses principales obligations sera terminé par un exposé de ses devoirs envers la famille et par quelques vues sur l'économie, heureux si je parviens à le convaincre de quelques-unes de ces vérités qui constituent le véritable bonheur dans la sphère modeste de son existence.

XI

DE L'ÉGALITÉ DES CONDITIONS SOCIALES.

—

L'égalité des conditions sociales est sans contredit la plus déplorable de toutes les chimères qui puissent entrer dans la cervelle des ouvriers. Autant vaudrait demander le nivellement de la pensée, des passions, des désirs, des aptitudes, des âges, enfin, de ce qu'il y a de plus impossible. Et cependant, la plupart des révolutions qui ont ensanglanté les annales de l'humanité, avaient pour but direct ou indirect la réalisation sinon complète, du moins partielle de cette chimère si fatale aux peuples et aux travailleurs en particulier.

Voyez plutôt : que dès demain on opère un partage général de toutes les richesses publiques et privées, — et notez que je ne parle pas ici de l'inqualifiable injustice qu'il y aurait d'ôter à ceux qui ont gagné une certaine aisance à la sueur de leur front, le fruit d'un long et pénible travail, — comment s'exécutera ce partage ? — Également, me répondrez-vous, en donnant à l'un autant qu'à l'autre...

Comment! vous ne ferez aucune distinction entre l'enfant au sein de sa mère et l'homme fait? Vous donnerez autant à l'ouvrier vigoureux, capable de se suffire à lui-même, qu'à ce pauvre vieillard, à ce paralytique, incapables de gagner leur pain quotidien, qu'à ce malheureux orphelin abandonné sans ressource sur le pavé des rues? En un mot, vous ferez la part égale entre l'ouvrier fait et l'apprenti, entre l'homme instruit et capable et l'ignorant? entre l'homme laborieux et rangé et le paresseux, le prodigue et le débauché?

Peut-être, — me répondrez-vous, — pourrait-on graduer le partage d'après ces distinctions...

Mais alors où sera l'égalité?

Et puis qui fera ce partage? Vous aurez donc des curateurs, des maîtres, des hommes enfin plus élevés que le commun des hommes?

Où sera l'égalité?

Et en cas de résistance, — résistance inévitable, — quel moyen employeriez-vous pour arracher au propriétaire ce qu'il possède?

La force? Mais qui vous dit qu'elle sera de votre côté?

J'admets un instant que vous parveniez à morceler, à détruire le capital qui alimente le travail, comment le remplaceriez-vous?

Après avoir abaissé le riche, en partageant les

richesses, à quoi aboutiriez-vous en définitive? A l'égalité de la misère!

Que si vous admettez ensuite la rémunération proportionnelle et équitable du travail, l'action de la prévoyance et de l'épargne, les différences qui résultent naturellement et forcément de la diversité des aptitudes, vous arriveriez inévitablement à la reconstitution du capital, à la distinction des riches et des pauvres; après avoir tourné dans un cercle vicieux, après avoir caressé une chimère et semé votre route d'injustices, de larmes et de sang, vous reviendriez forcément au point de départ, à la reconstitution de ce qui existe aujourd'hui, à l'inégalité qui est dans la nature des choses, dans l'essence de la société, comme dans les desseins du Créateur.

Vous le voyez : à chaque pas vous vous heurteriez à une impossibilité ou à une absurdité.

L'égalité des conditions sociales, c'est le nivellement de la mort. Il n'y a qu'une égalité vraie et possible : c'est celle de la justice également appliquée à tous.

Mais si la diversité des positions et des rangs est une nécessité sociale, il faut aussi que l'homme, à quelque échelon que sa destinée le place, ait son rayon de soleil, son pain, son vêtement, son foyer. La société prise dans son sens le plus rationnel et le plus humain ne peut exister et prospérer qu'à cette condition.

C'est à ce résultat que doivent tendre tous les efforts des ouvriers, car avec l'égalité que beaucoup d'entre eux rêvent, il n'y aurait pas de société possible : tout le monde voudrait commander et personne ne voudrait obéir. La brute ne pouvant s'élever jusqu'à l'homme de génie, celui-ci devrait descendre jusqu'à la brute. Ce serait l'anéantissement complet du progrès, la condamnation des peuples à un perpétuel esclavage, à la plus profonde et la plus complète dégradation.

A ceux qui me parlent égalité, communisme, je réponds :

— Raisonnons. Vous êtes un bon et vaillant ouvrier; vous gagnez, par exemple, 3 francs par jour... Consentiriez-vous à partager ces 3 francs avec le paresseux qui ne vient à l'atelier que lorsqu'il ne peut plus faire autrement, ou avec l'apprenti dont le salaire n'est que de 50 centimes par jour ? — Évidemment, non ! — Eh bien, cette réponse si simple est la condamnation la plus complète de votre système qu'il soit possible d'imaginer.

Les sources les plus ordinaires de la richesse ou du moins de l'aisance, sont le travail et l'économie. Un homme est laborieux et intelligent; il travaille autant que ses forces le lui permettent; il évite toute dépense inutile : il parvient ainsi à amasser un petit patrimoine. Si ses enfants font comme lui, il est évident qu'au bout de quelques générations, sa famille deviendra véritablement riche. Lui contesterez-vous le droit de jouir de cette richesse? l'obligerez-vous de partager avec l'homme imprévoyant, qui a passé au cabaret, dans les plaisirs, un temps que les premiers ont mis à profit? Non, n'est-ce pas? Car ce serait le comble de la folie, le renversement de toutes les idées de justice reçues depuis le commencement du monde!

Je ne veux pas insister sur ce point et vous faire l'injure de supposer qu'après avoir médité les simples et courtes observations que je viens de mettre sous vos yeux, vous n'abjuriez pas les funestes erreurs qui vous obsèdent, et vous ne repoussiez, comme vos plus perfides et vos plus cruels ennemis, ceux qui voudraient encore vous leurrer de cette chimère d'égalité propre seulement à aviver dans vos cœurs des germes de haine et de discorde, en calomniant la société et ses institutions.

XII

DU JEU, DE L'INTEMPÉRANCE ET DE LA DÉBAUCHE ; DE LEURS CONSÉQUENCES.

L'habitude du jeu, la débauche et le libertinage sont des vices qui dégradent profondément l'homme, quelle que soit sa position dans la société, et qui l'entraînent par une pente rapide à la misère et quelquefois au crime. Il est à regretter que les exemples multipliés de cette dégradation physique et morale soient le plus souvent perdus et qu'ils n'aient guère contribué à diminuer le nombre de malheureux dont l'existence est à jamais compromise par ces funestes passions. Et heureux encore quand ils n'engagent que leur propre existence ! Mais, hélas ! leur famille, leur femme, leurs enfants, sont toujours les premières victimes de leur inconduite ! J'ai lu quelque part qu'un homme fort riche avait la passion du jeu. Les conseils de ses parents et de ses amis, les pertes considérables qu'il avait déjà faites, les pleurs et les représentations de sa femme, l'affection qu'il portait à ses enfants, rien ne put le retenir sur le bord de l'abîme. Il joua tout ce qu'il possédait, et en rentrant chez lui un soir, il dit avec désespoir à sa femme : « Infortunée, lève-toi; le lit même où tu couches ne t'appartient plus! »

Ah! sans doute, si l'on se contentait de jouer pour reposer son corps et son esprit, le jeu serait chose très-innocente : l'homme ne peut pas toujours travailler ; il a besoin de repos et de distractions, sans lesquels il succomberait bien vite sous le poids de l'incessant labeur qui l'accable, des soucis de toutes sortes qui viennent l'assiéger! Aussi, comme nous le verrons tout à l'heure, ne peut-on qu'approuver l'ouvrier qui, après être resté toute une semaine enfermé dans un atelier ou dans une fabrique, se permet le dimanche une longue promenade, et va respirer l'air pur et bienfaisant de la campagne, ou bien engage avec ses camarades, une partie de boules, de quilles, de balle ou de palets. Ces sortes de jeux sont des exercices très-utiles à la santé, particulièrement pour ceux qui exercent des professions sédentaires, comme les cordonniers, les tailleurs, etc.; ils entretiennent, en outre, l'élasticité des membres et la force du corps. Mais les jeux que l'on doit s'interdire, et qui sont malheureusement les plus goûtés parmi les ouvriers, ce sont ces longues parties de cartes, où la tête reste constamment appliquée, où il s'agit de gagner ou de perdre de l'argent. Encore si l'on était assez raisonnable pour se contenter d'une ou de deux parties et pour ne risquer qu'une somme très-minime. Mais non, on s'acharne au jeu, et, ce qui pis est, on joue souvent gros jeu, c'est-à-dire que l'on expose tout ce que l'on possède : si l'on perd (et qui ne perd pas ?), on n'a d'autre perspective que la gêne et la misère. Dites-moi, camarades, ne vous est-il pas quelquefois arrivé, qu'après avoir joué et perdu, vous rentriez chez vous la rage dans le cœur d'avoir dépensé, inutilement dépensé en quelques heures, l'argent gagné pendant une semaine ? Et alors quels reproches amers de la part de votre femme, souvent même de vos enfants, qui vous accusent de les laisser manquer du nécessaire pour satisfaire votre passion ! quelle mauvaise humeur et quelle vie insupportable !

Ce n'est pas tout. Quand on a épuisé ses dernières ressources on veut jouer encore, on engage l'avenir, on se précipite de la misère dans le crime, ou l'on finit par le suicide. Que d'exemples de cette vérité ! Et combien ne doit-on pas applaudir le gouvernement si sage, si libéral, issu des événements de 1830, d'avoir aboli chez nous les maisons de jeu, les loteries de toute espèce, ces gouffres affreux où allaient s'engloutir non-seulement le fruit du travail et des privations de l'ouvrier, mais encore le pain de sa femme et de ses enfants ! Ah ! camarades, ne négligez jamais une minute de votre besogne pour le jeu ! Fuyez comme la peste, ceux de vos compagnons qui provoquent incessamment à telle ou telle partie. Le plus court moyen de s'en débarrasser est de ne jamais se vanter de sa force à un jeu quelconque, ou mieux encore de prétexter une ignorance complète de ce genre d'amusement. Par ce moyen, vous résisterez à l'entraînement que provoquent trop souvent les défis dans les ateliers, et qu'un faux orgueil vous amène quelquefois, si pas toujours, à accepter. N'oubliez jamais que dans ces circonstances, gagner au jeu est encore perdre : on perd son temps, sa considération, sa santé et presque toujours son travail!

La passion des boissons fortes est plus commune, non moins funeste, et tout aussi condamnable que celle du jeu. Beaucoup d'ouvriers se livrent à l'abus des liqueurs alcooliques, source si féconde en maux de tous genres, tels que la misère, l'abrutissement, les infirmités, les crimes mêmes. Sans doute, il est des exceptions à cette règle; mais elles ne sont guère applicables aux artisans les plus malheureux, qui ne cherchent que trop souvent un remède à leur triste condition dans l'usage fréquent de la bière et surtout du genièvre, dont le bas prix les sollicite particulièrement, et ne font naturellement ainsi qu'augmenter leur leur détresse. A peine a-t-on amassé quelques centimes, que l'on court les dépenser au cabaret. Plus l'on boit, plus l'on veut boire, et l'on ne tarde pas à laisser sa raison au fond du verre. Or, vous le savez, l'état d'ivresse est en soi-même un état dégradant, puisqu'il prive l'homme des nobles facultés dont il a été doué et l'expose aux risées et aux insultes de ses semblables. L'ivrogne est toujours prêt à se quereller avec ses meilleurs amis; il prend tout à rebours, il est incapable d'attention; il manque de mémoire et de jugement; il devient irrésolu, timide, ou quelquefois méchant et cruel autant qu'il est poltron : toutes les bassesses lui sont familières pour satisfaire l'insatiable passion qui l'étreint et le domine. Les heures du matin lui pèsent, et il est malheureux jusqu'à ce qu'il rentre sous l'influence de ce stimulant que l'habitude finit par lui rendre indispensable, et qui le conduit inévitablement au dépôt de mendicité ou à l'hôpital (1).

(1) Le Congrès de bienfaisance de Bruxelles, dont il a été question plus haut, s'est occupé d'une manière toute spéciale de l'intempérance, et un grand nombre de ses membres ont fait vivement ressortir les conséquences déplorables auxquelles elle a toujours donné lieu. Parmi les discours qui ont été adressés à ce sujet au Congrès, celui de M. Samuel Pope, secrétaire d'une Société anglaise instituée uniquement dans le but de combattre cette fatale passion, se fait remarquer par une justesse de vues qui m'a particulièrement frappé. Il traite du *trafic des liqueurs fortes et de sa prohibition absolue comme le seul moyen pratique de combattre l'intempérance.* Je me permettrai, camarades, d'en mettre quelques extraits sous vos yeux.

« L'intempérance est le résultat d'une habitude sociale dépravée. Il est clair que l'ivrognerie a sa source dans l'usage des boissons fortes; non pas que je veuille prétendre que quiconque participe à cet usage soit nécessairement un

Réfléchissez-y bien, compagnons. D'abord pour se mettre en état d'ivresse, il faut dépenser de l'ar-

ivrogne, mais il *peut* le devenir, et il est impossible de nier qu'il s'est engagé dans la route qui conduit à ce résultat...

« L'intempérance a ses degrés : la paralysie morale qu'elle entraîne à sa suite n'est pas un mal instantané qui frappe soudainement sans qu'on puisse le prévoir. L'appétit pour les boissons fortes n'a pas, comme les autres appétits physiques, ses périodes de rémittence et d'activité ; il croît plus ou moins vite, mais il *croît* incessamment. Comment est-il encouragé ? Par l'*indulgence*. Dans sa marche et son développement graduel il agit comme le flot, par une pression irrésistible et accumulée, et non en vertu d'une force immédiate et explosible. Cela résulte de la nature même de ce funeste appétit. Dans tous les cas ordinaires où l'homme ne mange et ne boit que pour satisfaire aux besoins légitimes de l'existence, la faim et la soif sont limitées par cette satisfaction elle-même. Dans le cas de l'usage des liqueurs enivrantes, cette loi naturelle est *intervertie ;* nul appétit n'est satisfait, nulle soif n'est étanchée ; *la satiété ne naît pas de l'indulgence.* Je ne crois pas devoir entrer ici dans le développement des considérations physiologiques ou autres, propres à expliquer cette anomalie ; il me suffit de poser le *fait* lui-même, et nul ne contestera que l'expérience ne prouve surabondamment que les boissons fortes créent le besoin au lieu de le satisfaire et engendrent une passion fatale et irrésistible qui ne connaît ni frein ni contrôle.

« L'usage des boissons fortes est subordonné à leur fabrication et surtout à leur trafic ; et si l'on réfléchit bien à la nature particulière de l'article, on comprendra tout d'abord combien le commerce dont il est l'objet peut et doit présenter d'inconvénients et de dangers. Tout débit de liqueurs enivrantes est en effet une source de tentation ; ce n'est pas seulement un lieu de perdition pour l'ivrogne, c'est encore une école active et incessante de *nouveaux buveurs* qui, sans cette sorte d'enseignement mutuel, n'eussent jamais été formés. Le premier pas dans la voie de l'intempérance n'est pas déterminé d'ordinaire par l'amour de la boisson ; on y est attiré le plus souvent par le besoin de société, par gent, et presque toujours c'est l'argent indispensable au ménage qui y passe : première perte et

une sorte de camaraderie ou par d'autres tentations que présentent les établissements publics ; mais peu à peu l'accessoire devient principal, l'habitude endort le contrôle, la passion naît et grandit, et l'agrément des rapports sociaux fait place à la brutalité des appétits. C'est ce trait caractéristique du commerce des boissons fortes qui seul peut expliquer le complet insuccès de toutes les tentatives faites pour restreindre ou corriger ses excès.

« Ce commerce diffère en effet essentiellement de tous les autres. Dans toutes les transactions qui ont pour objet de satisfaire aux besoins naturels des populations, on peut d'avance poser certaines règles et déduire certaines conséquences. Par exemple, on peut affirmer avec confiance que là où la population peut offrir par ses commandes un bénéfice suffisamment rémunérateur à un boulanger ou à un marchand de drap, elle ne pourra pas également en rétribuer un second, et que l'arrivée de ce concurrent sera inévitablement l'occasion de la ruine de l'un et de l'autre. L'ajustement de ces relations mutuelles, dicté par l'intérêt des parties, constitue ce que l'on appelle *la loi de l'offre et de la demande.* Dans le commerce ordinaire cette loi conserve toute sa force ; c'est la demande qui règle et limite l'offre. Dans le commerce des boissons fortes, au contraire, la loi est renversée : c'est l'offre qui règle et détermine la demande. Il arrive fréquemment qu'il existe aux quatre coins d'un carrefour des débits de boissons qui chacun font d'excellentes affaires et qui tirent avantage du stimulant que leur procurent cette proximité. Le commerce dont il s'agit est du petit nombre de ceux qui prospèrent au sein du désordre, du vice et de la misère, qui lui fournissent ses principaux aliments ; il est, si je puis m'exprimer ainsi, le grand vautour social qui fait sa proie des résidus et des déjections de l'humanité.

« Tel est le caractère que je n'ai pas hésité à assigner au trafic des liqueurs enivrantes, et pour rendre mieux encore ma pensée, qu'on me permette de recourir à un exemple familier.

première souffrance que l'on suscite à sa famille. Pendant tout le temps qu'on met à boire, il est impossible de travailler, impossible de gagner son pain quotidien : deuxième perte, nouvelles douleurs pour la femme, pour les enfants; enfin, lorsque l'ivresse est passée, la tête reste pesante, les membres sont engourdis ; on se sent incapable de reprendre son travail : troisième perte pour soi-même et pour les siens. Ce n'est pas tout : comme les patrons ne peuvent compter sur les ouvriers

« Un homme achète du pain à quelque boulangerie de son voisinage, ou du calicot à quelque marchand d'étoffes. Il satisfait ainsi à un besoin; mais il n'y a rien dans la nature du pain ou du calicot qui l'excite à dépasser la limite de ce besoin, qui le pousse, pour ainsi dire irrésistiblement, à acheter de plus en plus du pain et du calicot, à sacrifier à cette fureur d'acquisition sa dignité, son avenir, son bien-être, celui de sa femme et de ses enfants, la religion, l'honneur, la vie elle-même... Cette supposition serait absurde; et cependant elle n'est que l'expression de la vérité si l'on substitue au pain et au calicot, les boissons fortes. Le buveur est insatiable, il ne recule devant aucun sacrifice pour se procurer le poison dont il est altéré, et chaque dose de poison lui inspire le désir vif, ardent de l'augmenter. N'est-ce pas là une prière familière à la triste victime de cette funeste passion : « Donnez-moi à boire, ou je meurs ! » Et chaque jour, dans nos tribunaux de police, n'entend-on pas retentir cette plainte : « Il met en gage tout ce que nous possédons pour aller s'enivrer au cabaret ? » Il y a quelques semaines que, dans la ville de York, une femme vendit jusqu'aux derniers haillons qui la recouvraient pour se procurer des liqueurs, et fut mise à la porte dans un état de nudité complète par le trop complaisant cabaretier. Ouvrez quelque feuille publique que ce soit et vous y verrez chaque jour des faits qui prouvent que la misère, le crime, les accidents, le suicide, le meurtre sont intempérants, ils les emploient le moins souvent possible, et voilà comme un ivrogne tombe dans l'indigence et n'excite la pitié de personne. Au contraire, tout le monde le fuit; ses anciens camarades même le repoussent, et se disent : S'il en est là, c'est sa faute, il n'avait qu'à ne pas tant boire! J'ai connu plusieurs ouvriers qui, d'hommes probes et habiles qu'ils étaient auparavant, sont tombés, pour avoir contracté ce penchant, dans le plus affreux état de dégradation, et tous sont

les suites fatales du trafic des liqueurs fortes. Dans le journal hebdomadaire publié par *l'Alliance*, où l'on se borne à reproduire les faits de ce genre donnés par les autres journaux du pays, on trouve que, dans l'espace de 79 semaines, on a eu à constater 3,480 méfaits ou accidents occasionnés par l'ivresse, à savoir :

255 accidents graves mettant la vie en danger;
474 vols qualifiés commis sous l'influence de la boisson;
1,171 rixes violentes et coups et blessures;
347 cas de cruauté envers des femmes ou des enfants;
788 morts prématurées;
269 suicides ou tentatives de suicide;
176 meurtres et assassinats.

« Ce sinistre catalogue en dit plus que tous les raisonnements; nul autre commerce n'entraîne de pareils résultats. Le trafic seul des boissons fortes a le privilége de troubler aussi profondément l'ordre et la sécurité de la société. Et, comme nous l'avons déjà fait observer, cela n'est pas dû à des circonstances particulières et accidentelles qui affectent un commerce inoffensif en lui-même. Ces conséquences dépendent de son caractère essentiel. Le mal gît dans la nature de l'article mis en vente et dans le trafic même. Tant que ce trafic sera maintenu, les débits de liqueurs enivrantes resteront ce qu'ils sont, des égouts moraux qui répandent autour d'eux des miasmes pestifères et mortels. »

allés mourir ou sont encore au dépôt de mendicité. C'est leur histoire, histoire aussi réelle qu'elle est triste, que je viens de tracer en quelques mots.

Résistez, résistez non-seulement avec énergie aux suggestions des mauvais compagnons qui vous engagent à préférer le cabaret à l'atelier, mais encore faites-leur comprendre, si possible, les déplorables conséquences de leur conduite, et si, de temps en temps, vous parvenez à en détourner un de cette voie fatale, réjouissez-vous, car alors vous aurez fait une belle et noble action !

Je vais essayer maintenant, pas une citation choisie pour ainsi dire au hasard, de vous démontrer quels sont les fruits du libertinage et des habitudes honteuses : en vous faisant entrevoir le gouffre pour vous empêcher d'y tomber, je veux vous faire toucher du doigt ces plaies hideuses qui ont appelé la vengeance de Dieu sur des cités entières, et vous prémunir ainsi contre un danger qui, s'il ne vous menace pas directement, est incessamment suspendu sur la tête de vos enfants.

« Le libertin, » dit M. Leuillier, dans sa *Philosophie morale*, « est absorbé tout entier dans sa passion ; il ne pense, il ne voit, il n'entend que par elle. Tous les jours sa bourse diminue ; bientôt elle sera vide, car avec les femmes qu'il fréquente, ce n'est pas de l'amour qu'il faut, c'est de l'argent ; n'importe, il n'arrête pas ses folles dépenses. Il perd sa réputation, il le sait, car tout le monde s'éloigne de lui; n'importe! il plonge de plus en plus dans le bourbier du vice. Il sent ses forces diminuer, sa santé s'altérer ; le plus petit excès le dérange et le rend malade ; n'importe! il n'en continue pas moins le même genre de vie, et il s'expose à des maladies honteuses et difficiles à guérir. C'est le libertinage qui jette le désordre dans les ménages, c'est lui qui engendre la plus grande partie des querelles, c'est lui qui souvent fait un malfaiteur d'un homme qui n'était pas naturellement méchant. »

Le tableau que présente le même auteur, des habitudes honteuses n'est pas moins frappant. « Il n'est pas rare, dit-il, de voir des hommes assez dépravés pour se vanter de leur mauvaise conduite, et se faire gloire d'avoir séduit plusieurs femmes ; mais les habitudes vicieuses dont je parle ont quelque chose de si dégoûtant, que ceux qui s'y livrent n'osent l'avouer à personne, et voudraient pouvoir se les cacher à eux-mêmes. Ils sentent qu'ils manquent à leur dignité d'hommes, et qu'un pareil aveu les rendraient à juste titre méprisables… »

Que le Ciel vous préserve à jamais de ces funestes habitudes, mes amis. Veillez, veillez rigoureusement surtout à ce que vos enfants ne puissent les contracter ; au moindre symptôme, combattez résolument, par tous les moyens possibles, ce vice dont je viens de vous montrer les affreuses conséquences, et qui se contracte si aisément dans les écoles publiques, dans la fréquentation de tant de mauvais garnements!

Il me reste à vous montrer par des résultats statistiques extraits de la situation administrative du royaume pendant les dernières années, l'influence des vices que je viens d'énumérer sur la criminalité et les suicides.

Sur 4,570 condamnations qui ont été prononcées par les cours d'assises de Belgique, pendant les années 1840 à 1849, on a constaté que 241 hommes et 61 femmes, ensemble 302 accusés, avaient une naissance illégitime; ce qui donne la proportion de 6 centièmes des condamnations. On a également constaté que 247 accusés avaient eu des enfants naturels ou vivaient en état de concubinage. Si l'on ajoute à ces chiffres que près de 900 individus étaient notoirement adonnés à la débauche, ou que celle-ci, l'intempérance et la passion du jeu les avaient directement conduits sur les bancs de la cour d'assises, on arrive à la proportion considérable d'*un tiers des condamnations* dues à ces déplorables vices.

Je viens de vous montrer les conséquences de la débauche et du libertinage quant aux individus attraits devant les cours d'assises pour les offenses les plus graves. Mais ces conséquences ressortent d'une manière bien plus évidente encore des condamnations prononcées par les tribunaux correctionnels, sous la juridiction desquels les désordres dont il s'agit tombent plus immédiatement. Croiriez-vous que pendant la période que je viens de vous citer, celle des années 1840 à 1849, ces tribunaux ont eu à prononcer sur le sort de 317,444 individus? Et serait-ce exagérer que d'attribuer la moitié de ce chiffre aux causes que je viens de vous exposer?

Je ne parle ici que des délits proprement dits ou des crimes correctionnalisés. S'il me fallait ajouter à ces chiffres les condamnations prononcées par les tribunaux de simple police pour des faits de même nature, vous ne seriez pas peu surpris. Pour ne vous citer qu'un seul exemple, je vous dirai que pendant ces mêmes dix années, les tribunaux de simple police ont prononcé 12,185 condamnations pour bruits et tapages injurieux ou nocturnes, dus pour la plupart aux effets de la boisson.

La statistique des prisons offre des chiffres non moins irrécusables quant à l'influence du jeu, de l'intempérance et du libertinage sur les crimes. Sur 5,228 individus enfermés dans les maisons centrales et pénitentiaires du royaume, au 31 décembre 1849 :

2,974 étaient mal notés avant leur condamnation ;

638 avaient des enfants naturels, vivaient en état de concubinage ou étaient livrés à la débauche avant leur incarcération ;

	1,140	étaient adonnés notoirement à l'ivrognerie avant leur entrée en prison.
TOTAL. . .	4,752	individus, ou près des neuf dixièmes dont la condamnation peut être attribuée à l'un de ces vices.

Mais c'est surtout à l'égard des suicides que leurs effets sont sensibles. Ainsi, dans les relevés des morts violentes qui ont été constatées en Belgique pour les années 1840 à 1849, nous voyons que, sur 2,428 suicides, il a été constaté que :

	67	étaient dus à la débauche et à la mauvaise conduite ;
	104	à l'ivrognerie ;
	192	aux chagrins domestiques provenant de l'inconduite de l'un des époux ;
	5	aux grossesses hors mariage ;
	66	aux dérangements d'affaires, provenant également de l'inconduite.
TOTAL. . .	434	

Si l'on ajoute à ce chiffre celui des motifs inconnus (616), que l'on peut certainement attribuer en grande partie à ces causes, que la famille des suicidés s'efforce toujours de dissimuler, dans l'intérêt de la conservation de son honneur, on arrive à constater que près de la moitié des suicides sont dus à l'inconduite !

Je viens de vous parler des suicides et du nombre considérable de malheureux que l'inconduite et la débauche portent à cet acte extrême.

Quelques mots à ce sujet ne seront donc pas déplacés ici. Beaucoup d'individus pensent échapper, par la mort, à l'ignominie qui va les atteindre ; ils croient généralement que c'est faire preuve de courage que d'attenter à ses jours, pour effacer la tache que laisse toujours une vie coupable et déréglée. Qu'ils se détrompent : c'est plutôt l'acte d'un insensé ou d'un lâche, car il faut moins de courage pour se jeter à l'eau ou se pendre que pour supporter patiemment ses malheurs, alors surtout que l'on sait qu'on les doit à ses propres fautes : la force d'âme consiste à lutter contre eux, à vivre avec ses peines et à en triompher par sa persévérance à faire le bien, par sa résignation aux décrets de la Providence. Le suicide est une folie, parce que tous ceux qui se sont tués pour se soustraire à la honte, n'ont jamais recouvré leur réputation ni reconquis leur honneur. Au contraire, ils se sont rendus plus méprisables encore si possible ; leur mémoire, flétrie pour toujours, est un sujet de continuel opprobre pour leur famille, et cette honte se perpétue souvent pendant plusieurs générations.

Ah! sans doute, ce coupable attentat sur soi-même peut aussi être provoqué par le concours de circonstances malheureuses : le manque de travail, la non réussite de ses affaires, des chagrins domestiques, des maux incurables peuvent vous amener à recourir à ce moyen extrême. Mais réfléchissez-y bien ! Vous êtes sans travail, dites-vous, la misère va vous étreindre, vous et votre famille. — Mais combien de malheureux ne se trouvent-ils pas dans une position pire que la vôtre! Cependant ils patientent, ils cherchent, ils se remuent, ils finissent par trouver quelque chose. Et puis, votre mort donnera-t-elle du pain à votre femme, à vos enfants? Pensez à l'horrible position que vous leur faites, au déshonneur que vous allez faire rejaillir sur tous les vôtres; pensez au mépris qui s'attachera désormais à votre mémoire, et arrêtez-vous sur le bord de l'abîme, car votre mort ne payera pas vos dettes, ne vous rendra pas l'honneur que vous avez perdu pour avoir failli à vos engagements. — Vous avez des chagrins domestiques, dites-vous encore. — Eh! qui n'en a pas? Le riche dans son palais, croyez-le bien, en est moins exempt que vous: parce que l'éducation, les convenances dont il est l'esclave, lui font une loi, une dure loi, de cacher ses peines, parce que son visage sait dissimuler les atroces souffrances qui déchirent son cœur, croyez-vous qu'il soit plus heureux que vous? — Vous êtes atteint d'un mal, d'une plaie incurable, direz-vous enfin? — Mais pensez aux malades qui remplissent les hôpitaux, pensez à cette affreuse variété de souffrances qui affligent l'humanité! Voyez ces yeux qui s'éteignent, ces membres décharnés, ces joues livides, ces corps crispés par la douleur; regardez cette jambe gangrénée, ce sein dévoré par le cancer:

assistez à quelques-unes de ces horribles opérations, qui souvent ne font qu'ajouter un dernier martyre à la destruction, et dites, dites en vérité, votre position, si pénible qu'elle soit, est-elle comparable à celle de ces infortunés, qui cependant ont le courage d'attendre que Dieu vienne les délivrer de leurs maux ?

Le Créateur a défendu à la créature de porter atteinte à son existence. C'est à lui seul qui vous a donné la vie qu'il appartient de vous l'ôter. Quelle que soit donc la position qui vous soit faite sur la terre, efforcez-vous de l'améliorer par votre bonne conduite, par votre patience. Si vous réussissez, songez à la joie que vous éprouverez plus tard d'avoir eu le courage de traverser les terribles épreuves auxquelles l'ouvrier est sans cesse exposé, quand le chômage et la maladie viennent le visiter. Si, au contraire, vous succombez, ce sera honorablement, avec la conscience d'avoir fait votre devoir jusqu'au bout, avec la douce consolation d'être resté honnête homme et d'avoir agi en véritable chrétien.

XIII

DES MAUVAISES LIAISONS ET DES MAUVAISES LECTURES.

—

L'un des actes les plus importants dans la vie du travailleur est sans contredit le choix de ses amis ; aussi ce sujet mérite-t-il à tous égards votre attention. « Nous marchons souvent dans la vie, » dit M. Leuillier, dans l'ouvrage que j'ai déjà cité, « nous marchons souvent dans la vie écrasés sous le poids des soucis ou des douleurs. La Providence, toujours bonne pour nous, n'a pas voulu que nous fussions sans soutien : elle nous a donné l'amitié. Un ami véritable est un des plus grands biens : nous trouvons auprès de lui des encouragements, de douces consolations, des conseils désintéressés ; il prend part à nos peines comme à nos plaisirs, et il se montre plus assidu au chevet de notre lit qu'à notre table. Notre bras appuyé sur le sien, nous cheminons ensemble : alors nous sommes moins sensibles aux aspérités de la route et aux fatigues du voyage. Mais pour que l'amitié procure ces avantages, il faut qu'elle ait la vertu pour base ; car sans la vertu, point d'amitié solide : on aura des camarades, des connaissances, mais non de véritables amis. Aussi la première punition de ceux qui s'attachent à des gens vicieux, c'est de ne point connaître l'amitié. Tôt ou tard ces liaisons qu'ils ont formées dans de coupables plaisirs, se briseront; on leur refusera les services qu'ils demanderont; on violera les secrets qu'ils auront confiés, et, s'ils tombent dans la misère, on s'éloignera d'eux.

« Ce n'est pas tout. Vous connaissez ce proverbe qui exprime une vérité établie par l'expérience de tous les jours : « Dis-moi qui tu hantes, « et je te dirai qui tu es. » Il est difficile, en effet, de fréquenter un homme sans prendre insensiblement ses habitudes : ses défauts, qui d'abord nous paraissent affreux, perdent peu à peu de leur laideur à nos yeux ; les principes de vertus que nous avons reçus s'effacent; les sages conseils nous manquent, et quand bien même nous aurions encore assez de force pour résister à l'entraînement du mauvais exemple, une fausse honte nous retiendrait : on n'ose pas ne point faire ce que fait son ami. C'est ainsi que les mauvaises compagnies nous écartent de nos devoirs et étouffent en nous les semences du bien… »

J'ajouterai à ces paroles si sensées, qu'il n'est pas toujours bon de choisir ses amis au-dessus de soi. Ce que l'on croit gagner sous le rapport de la sphère plus élevée à laquelle on aspire, on le perd souvent en faisant des dépenses au-dessus de ses moyens, afin de ne pas paraître ce que l'on est réellement. Un ami dans une position supérieure a aussi ordinairement des ressources plus abondantes que celles dont on peut disposer. Il s'ensuit qu'en voulant suivre son exemple, on se creuse souvent un abîme sous les pieds, qu'il est au moins difficile de combler honnêtement. Sans tomber dans l'excès contraire, le mieux est de prendre, quand on le peut, ses amis parmi ses pairs.

Dans tous les cas, n'ambitionnez jamais, parmi vos camarades, le titre de *bon enfant*, du moins dans le sens que lui donnent un grand nombre d'ouvriers, car le bon enfant pour eux n'est pas toujours un honnête homme. Et, remarquez-le bien, cette qualification est très-souvent donnée aux hommes faibles, qu'un rien séduit, qui se laissent facilement détourner de leurs devoirs pour complaire à quelques fainéants qui préfèrent le cabaret à l'atelier. Pour être bon enfant aux yeux de ces gens-là, il faut se dépouiller de son dernier sou et de son dernier vêtement, au profit de leurs habitudes de débauche; il faut savoir sacrifier son pain, ses occupations, à leurs idées d'indépendance outrées, qui consistent à se moquer du patron et du travail, tant qu'il leur reste une lueur de crédit au cabaret. C'est parmi ces esprits forts, qui ne travaillent guère, que vous entendrez incessamment invoquer *le droit au travail.*

J'ai lu une foule de livres qui traitaient de ce prétendu droit et de ses applications possibles, et j'ai dû forcément reconnaître, contrairement à l'idée préconçue que je m'en étais faite, que le droit en question était précisément l'antipode du travail, en d'autres termes le droit de gagner sa vie en se croisant les bras, ce qui serait assurément une fort belle chose, si elle n'était tout bonnement impraticable. Croyez-le bien, camarades, ce sont l'activité, le savoir, l'intelligence et la bonne conduite seuls qui constituent le droit au travail. Ceux qui possèdent réellement ces qualités n'ont pas besoin de le revendiquer, lorsqu'ils ont la ferme intention de travailler et de remplir tous leurs devoirs.

Mais revenons-en à l'amitié. Nous vous dirons, pour conclure : Ne formez point de ces liaisons faciles basées sur l'intérêt du moment ou sur une rencontre accidentelle; attachez-vous à bien connaître le caractère des personnes en qui vous voulez placer votre amitié, et avant que de leur confier le secret de vos peines ou de vos espérances, voyez si elles sont vraiment dignes de garder un dépôt si précieux. Alors seulement, vous aurez quelque chance de rencontrer ce que vous cherchez : un véritable ami!

« Le titre d'ami, » a dit un auteur de grand

mérite (1), « doit être réservé pour l'ami; c'est une faute très-grave que de le prodiguer, que de s'en servir comme d'une formule de simple bienveillance : cela donne à penser qu'à si peu connaître la valeur du mot, on ne sait pas trop la valeur de la chose. »

Il me reste à vous parler, pour terminer ce chapitre, des bonnes et des mauvaises lectures. Un grand penseur a dit, avec raison, qu'un bon livre était un bon ami. Mais ce n'est pas chose toujours facile que de discerner les bons livres au milieu de cette masse de productions de l'esprit, qui visent plutôt à charmer les sens du peuple qu'à le moraliser : il faut un grand pouvoir sur soi-même et une certaine instruction, pour savoir repousser ces romans empoisonneurs, tableaux d'extravagances plus invraisemblables les unes que les autres, et qui souvent dépeignent les vices et les mauvaises qualités sous des dehors tellement attrayants, qu'il devient difficile de ne pas se laisser séduire à les excuser. Ces livres sont non-seulement la source première de grandes aberrations, mais encore une cause de perte pour la plupart des jeunes gens qui s'adonnent à leur lecture. Les enseignements et les connaissances qu'ils y puisent sont bien plus propres à pervertir leur cœur qu'à éclairer leur esprit, et rien n'est plus déplorable que l'indolence

(1) M. Jules Labaume dans ses *Devoirs privés et sociaux*.

et l'apathie où les plongent ces rêveries dangereuses, qu'ils ne lisent pas, mais qu'ils dévorent, et auxquelles ils sacrifient des occupations plus sérieuses. Malheur à l'imprudent qui se laisse entraîner par les charmes trompeurs de ces lectures! malheur surtout aux jeunes filles qui se passionnent pour ces héros de roman! La désillusion n'arrive, hélas! que trop tôt, et c'est toujours aux dépens de leur honneur et de celui de leur famille, qu'elles apprennent combien les héros de la vie réelle sont différents de ceux de la vie imaginaire!

Les bons livres ne manquent pas. Attachez-vous de préférence aux publications instructives, amusantes et surtout morales, destinées principalement à l'éducation des jeunes gens. L'homme fait, et notamment l'ouvrier, y trouve toujours d'utiles enseignements à portée de son intelligence et surtout mieux appropriés à ses véritables instincts et à son bon sens. A mesure qu'il avancera dans cette voie, rarement stérile, sa pensée, ses idées prendront un plus heureux développement; son jugement sur les choses qui l'entourent deviendra plus judicieux, plus correct; il comprendra mieux les besoins de sa famille et les devoirs qu'il a à remplir envers elle; il appréciera davantage les bienfaits de l'éducation pour ses enfants; il imprimera, enfin, une direction plus salutaire à ses affaires. La lecture d'un bon livre donne de la quiétude à l'esprit; elle délasse agréablement des fatigues et des soucis de l'atelier : c'est un baume bienfaisant qui réconforte l'âme, développe les bons instincts, et dont les effets se font souvent sentir sur l'existence tout entière.

XIV

DES DEVOIRS GÉNÉRAUX DE L'OUVRIER ENVERS SA FAMILLE, DE CEUX DES ÉPOUX ET DES ENFANTS.

Nous avons examiné plus haut les devoirs de l'ouvrier envers ses compagnons, envers ses maîtres et envers son pays. Sans contester l'importance extrême de ces devoirs, on ne peut méconnaître que leur mise en pratique présuppose un corollaire essentiel, l'accomplissement des devoirs qu'impose la famille.

Après l'idée du Créateur, rien de plus sacré au monde que la famille. Elle seule est capable d'inspirer ces dévouements admirables, cette abnégation de soi-même, qui doivent absoudre l'humanité au tribunal de Dieu.

Mais aussi, pour celui qui sait les apprécier, combien sont grandes, combien sont infinies les joies que comporte cet asile toujours ouvert où l'on vient raconter ses espérances, exprimer ses joies, endormir ses tristesses, se reposer de son labeur, retremper ses forces et son courage, cet asile béni que l'on nomme le *foyer domestique !* Et combien doit être à plaindre le pauvre orphelin, l'enfant abandonné, à qui il n'est pas donné de prononcer les doux noms de père, de mère, de frère, de sœur, de comprendre les élans de tendresse et d'amour qu'ils inspirent !

L'amitié est une chose bien douce ; mais combien plus douce encore est la famille ! Elle vous tend les bras, elle vous adopte, elle vous chérit même, en quelque sorte, avant votre naissance. Avant qu'elle ne vous connaisse, elle prépare vos langes, votre berceau, elle vous associe, par la pensée, à ses joies, à ses espérances, à son avenir ; elle vous donne d'avance la part de ce qu'elle a conquis d'estime. Si petit que soit le taudis, la chambre qu'elle habite, elle se resserre pour vous recevoir, elle vous donne la plus belle et la meilleure place ; elle assiste, haletante, à votre venue, elle appelle les bénédictions de Dieu sur la frêle créature qui va cependant être pour elle une cause de malaise, de profonde gêne, peut-être ; mais elle saura s'imposer des privations pour la recevoir dignement ; l'épreuve à laquelle elle est soumise, elle la subira avec la plus sublime résignation. Un nouvel enfant lui est donné ! Sa naissance entraîne toute une série de devoirs, de dévouements sans bornes, inconnus auparavant ; l'ordre et la bonne conduite se substituent comme par enchantement au désordre et à l'inconduite : j'ai vu des exemples étonnants de cette transformation chez des individus réputés incorrigibles.

Avec l'enfant renaissent le courage, l'amour du travail, la prévoyance, là où dominaient la mollesse, l'insouciance et l'imprévoyance.

Les préceptes généraux qui résument les devoirs de l'ouvrier envers sa famille, sont faciles à exposer. Il n'a qu'à jeter les yeux sur son foyer pour connaître toutes les obligations qu'elle lui impose. Aussi le but constant de ses efforts doit-il être de resserrer les liens de la famille et d'y maintenir l'harmonie qui seule peut produire cette douce paix du cœur que rien au monde ne saurait remplacer.

C'est vers ce but que doivent tendre toutes les facultés de l'ouvrier. Son principal, nous dirions presque son seul souci, doit être de procurer à sa famille la plus grande somme de bien-être et de considération possible. Pour cela, il doit :

1° Être honnête homme :

C'est-à-dire ne jamais rien faire ni dire de contraire à l'honneur et à la probité ; avoir constamment en vue, dans toutes ses relations, sa considération personnelle, qui rejaillit nécessairement sur sa famille. A quelque degré de l'échelle sociale que l'ouvrier soit placé, il retirera toujours d'heureux fruits d'une conduite vertueuse et honnête. Il évitera aussi de contracter aucune espèce de dette, ou si l'extrême nécessité l'y oblige, qu'il s'empresse de les acquitter aussitôt que ses moyens le lui permettent. Le proverbe qui dit « que celui qui paye ses dettes s'enrichit » ne serait qu'un mensonge, si l'on n'entendait que le bon payeur apprend par lui-même le prix de la prévoyance, de l'ordre et de l'économie, et s'enrichit en considération, en estime, qui lui permettent de combler plus aisément, par un travail mieux suivi, le vide que peut causer l'acquit de ses obligations.

2° Être rangé et laborieux :

C'est-à-dire ne point fréquenter les mauvaises sociétés qui sont une cause de perdition pour la plupart des ouvriers; ne point porter ses regards hors des affections de son foyer; ranimer incessament celles-ci par de bons procédés, par une conduite à l'abri de tous reproches; ne point faire des dépenses folles ou inutiles; songer toujours au lendemain, ou, en d'autres termes, avant de faire ce qu'on appelle un *petit extraordinaire*, réfléchir si ce n'est pas payer trop cher un moment de plaisir que de lui sacrifier le pain de plusieurs jours; mettre toujours le temps à profit; être de la plus rigoureuse exactitude au travail, ne point dédaigner, par orgueil, de gagner un sou : il peut en produire dix.

3° Être affable et impartial envers tous les membres de sa famille :

C'est-à-dire ne se permettre aucune grossièreté à l'égard de sa femme et de ses enfants; ne jamais les maltraiter, ni surtout les battre; agir, autant que possible, par les voies de la douceur et de la persuasion; ne montrer aucune préférence injuste pour l'un ou l'autre de ses enfants ; réprimer sur-le-champ les vices qui se manifesteraient chez eux ; les punir, lorsqu'il y a lieu, par l'aggravation des devoirs, ou, selon les âges, par la privation de leurs plaisirs ; se montrer sévère pour leurs fautes, lorsqu'elles tendent à troubler la bonne harmonie du ménage, lorsqu'elles sont d'un fâcheux exemple, ou lorsqu'elles dénotent de la méchanceté ; les reprendre, au contraire, avec indulgence, quand elles proviennent de l'inexpérience, du défaut de discernement suffisant pour en apprécier les conséquences ; donner toujours le bon exemple pour maintenir son autorité et acquérir le droit d'être sévère et de commander l'obéissance au besoin.

Exposer ces principes, c'est presque énoncer des banalités : nous le savons ; mais, camarades, ce sont ces banalités qui constituent le vrai bonheur de la famille, et, à ce titre, on ne peut jamais assez se pénétrer de leur vérité.

Comme complément de cet exposé sommaire des devoirs généraux envers la famille, nous devons ajouter ceux qui incombent plus particulièrement aux époux. Ces devoirs sont clairement définis par le Code civil, qui est aussi le code moral par excellence. Que dit-il à cet égard ?

1° Que les époux se doivent mutuellement fidélité, secours et assistance ;

2° Que le mari doit protection à sa femme, la femme obéissance à son mari ;

3° Que la femme est obligée d'habiter avec son mari et de le suivre partout où il juge à propos de résider ; et, comme corollaire, que le mari est obligé de la recevoir et de lui fournir tout ce qui est nécessaire aux besoins de la vie, selon ses facultés et son état ;

4° Que les époux contractent ensemble, par le seul fait du mariage, l'obligation de nourrir, d'entretenir et d'élever leurs enfants ;

5° Que les gendres et les belles-filles doivent des aliments à leur beau-père et à leur belle-mère...

Quelle série de devoirs, de saines prescriptions dans ces quelques lignes pourtant si simples! En comprenez-vous bien toute l'importance, camarades?

D'abord, en ce qui concerne la fidélité, les premiers effets de sa stricte observation, ne sont-ils pas la chose la plus précieuse qui existe au monde : la paix du cœur et celle du ménage, qui aident à supporter patiemment et même à surmonter toutes les calamités qui peuvent frapper l'homme dans son association avec sa compagne naturelle? Ne résume-t-elle pas la plus grande somme de félicités qu'il soit donné à un individu d'atteindre sur la terre? Et les effets les plus ordinaires de l'infraction de ce saint devoir ne sont-ils pas de convertir le ménage en véritable enfer, en faisant de l'existence commune un martyre permanent? Les plaintes et les reproches journaliers, les querelles sans fin qui résultent d'un manque de fidélité, n'en sont-ils pas les moindres conséquences? Les époux peuvent se pardonner réciproquement bien des fautes, mais l'oubli du lien conjugal est souvent irréparable.

En stipulant que le mari doit secours et protection à sa femme, la loi a entendu que le premier devoir de l'homme est de protéger sa compagne dans tous les cas où la vie, l'honneur, la réputation, le repos ou les intérêts de celle-ci peuvent être menacés de quelque manière et par qui que ce soit, même au péril de sa propre existence? En prescrivant, d'un autre côté, à la femme l'obéissance à son mari, la loi lui commande de subordonner sa volonté à la sienne, de ne rien faire qui puisse exercer quelque influence sur la condition ou l'avenir de la communauté sans le consulter, d'agir conformément à ses désirs dans tous les cas où ils n'impliquent point une mauvaise action, de procéder toujours par voie de conseils, jamais de commandement, de ne point rabaisser son époux aux yeux de qui que ce soit, quand même il mériterait une juste réprobation, enfin, de cacher ses fautes, s'il y a lieu, plutôt que de les ébruiter.

Ensuite, en ce qui concerne l'obligation que contractent les époux, de nourrir, entretenir et élever leurs enfants, cette obligation, non moins sacrée que les autres, ne doit pas seulement s'entendre sous le rapport matériel, mais encore au point de vue moral. En d'autres termes, il incombe aux époux de veiller à ce que leurs enfants reçoivent aussi bien le pain de l'âme que le pain du corps, aussi indispensables l'un que l'autre pour en former des hommes. Leur devoir le plus rigoureux à cet égard, et duquel rien ne doit les faire départir, est de réunir toutes leurs forces et leur volonté, pour faire entrer et maintenir dans le sentier de la vertu, les êtres que Dieu a confié à leurs soins. Pour accomplir convenablement cette mission, ils doivent :

1° Prêcher d'exemple, en d'autres termes, s'observer et se contenir devant leurs enfants, en ne s'adressant jamais d'expressions grossières ou indécentes ; en ne les brutalisant point ; en s'acquittant toujours convenablement des devoirs que leur état leur impose ; en accomplissant régulièrement leurs devoirs religieux ; enfin, en s'abstenant de toute action contraire à l'honnêté ou aux mœurs ;

2° Réprimer les vices de leurs enfants aussitôt qu'ils se manifestent, en leur faisant entrevoir toutes les conséquences de leurs fautes ; en les réprimandant sans dureté ; en proportionnant toujours la peine à la gravité de l'infraction ; en les punissant, comme nous l'avons dit tout à l'heure, par la privation de leurs plaisirs ou par l'aggravation des devoirs, jamais par la privation des aliments et aussi rarement que possible par des peines corporelles, qui ne font, la plupart du temps, que les endurcir sans les rendre meilleurs : enfin, en raisonnant toujours les effets de la peine qu'ils infligent ;

3° Encourager leurs bons sentiments et surtout leur application au travail par l'attrait de petites récompenses proportionnées aux sentiments qu'ils manifestent, aux services qu'ils rendent ou à l'application dont ils font preuve. A cet effet, ils doivent saisir toutes les occasions pour établir les avantages de la vertu sur le vice, de l'assiduité sur la paresse ;

4° Exercer une constante surveillance sur toutes leurs actions, en se faisant rendre un compte sévère de l'emploi de leur temps, et, à cette fin, les interroger aussi souvent que possible ; dans tous les cas, cette surveillance doit être graduée selon l'âge, le sexe des enfants et le degré de confiance que leurs actes inspirent ; elle doit notamment être plus soutenue lorsqu'ils fréquentent l'école et dans les premiers temps de leur apprentissage ;

5° Exciter leur émulation, en leur démontrant souvent les incontestables avantages du travail sur l'oisiveté ; en établissant de fréquents parallèles entre l'enfant laborieux et le paresseux ; en les exhortant à ne point se décourager s'ils voient d'autres enfants faire mieux qu'eux, mais à s'efforcer de les égaler par une application soutenue, par un attachement complet à leurs devoirs, par l'obéissance aux conseils de leurs parents et de leurs maîtres ; faire surtout converger leurs aptitudes vers un but vraiment utile, eu égard à la position qu'ils occupent dans la société ;

6° Combattre leur penchant à l'égoïsme, en leur démontrant combien celui-ci est contraire au véritable esprit de Dieu, à la nature du travailleur et à sa mission sur la terre ; qu'il serait la plus misérable des créatures, s'il était livré à l'isolement et à ses seules forces ; que le premier et le plus essentiel précepte de l'homme civilisé, après l'adoration de l'Être suprême, est d'aimer et d'aider son semblable dans toutes les circonstances où il le peut sans porter préjudice notable à ses proches ;

7° Se garder, comme je l'ai déjà dit, de montrer de la préférence plutôt pour l'un que pour l'autre de leurs enfants, parce que la manifestation de cette préférence, en supposant même qu'elle soit justifiée par des qualités réelles, occasionne presque toujours des inimités qui tendent à diviser la famille et qui ne peuvent que la démoraliser ;

8° Veiller, enfin, à ce que leurs enfants remplissent fidèlement leurs devoirs religieux, et se conformer à cet égard aux conseils et aux prescriptions des ministres du culte et notamment du clergé de la paroisse.

Nous avons vu plus haut que les gendres et les belles-filles doivent des aliments à leur beau-père et à leur belle-mère. Cette obligation, qui est peut-être l'une des moins bien comprises, est cependant fort naturelle. L'homme, en s'associant la femme, et celle-ci en s'attachant par les liens du mariage au premier, confondent leurs deux familles. Dès lors les obligations de l'une des parties envers ses parents par alliance, deviennent nécessairement les obligations de l'autre, et les gendres et les belles-filles seraient aussi coupables en refusant à leur beau-père et belle-mère ce qui est indispensable à l'entretien de leur existence, que s'ils le refusaient à leurs propres parents.

Quant aux devoirs des enfants à l'égard de leurs parents, deux mots les résument tous : *obéissance* et *reconnaissance* envers ceux qui leur ont donné la vie, qui se sont sacrifiés pour les élever et les instruire, devoirs pleins de luttes, de labeurs pénibles et d'incessants soucis! En se rappelant constamment ces deux préceptes, en les mettant toujours en pratique, les enfants ne failliront jamais à la plus sainte des vertus : la piété filiale!

XV

QUELQUES VUES SUR L'ÉCONOMIE.

Nous ne croyons pouvoir mieux terminer ces Conseils, qu'en exposant quelques-uns des principes économiques les plus usuels pour le travailleur.

La base essentielle de ces principes, est de dépenser toujours un peu moins que ce que l'on gagne : c'est dans cette formule si simple et pourtant si peu observée, que se trouve tout le secret de l'économie et, par suite, du bien-être.

Sans doute, les maladies, le chômage, la cherté des subsistances, la multiplication des enfants, viennent trop souvent dérouter les calculs et neutraliser les efforts de l'ouvrier pour équilibrer les maigres ressources de son budget avec ses dépenses indispensables. Mais ne peut-il pas, dans une certaine mesure, prévoir ces événements assez communs? et admettre leur possibilité, n'est-ce pas ajouter à la nécessité de chercher à les prévenir, à en pallier les funestes effets?

Vous gagnez trop peu pour vivre, dites-vous :

c'est une raison de plus pour vous ingénier à tirer le meilleur parti possible de vos moindres ressources. Votre position pourrait évidemment être meilleure : personne ne le met en doute ; mais, en vérité, qui est content de sa position ? L'apprenti voudrait être ouvrier, l'ouvrier, contre-maître, le contre-maître, patron lui-même, et ainsi de suite. L'ouvrier qui ne gagne qu'un franc par jour s'estimerait l'homme le plus heureux de la terre s'il en gagnait deux. La jouissance fait naître le désir d'une jouissance plus grande encore. Ce sentiment est tout naturel : plus on a de ressources, plus on éprouve de besoins.

Votre travail, camarades, vous procure un salaire quotidien de 3 francs par jour, je suppose ; vous le considérez comme insuffisant et vous vous étonnez comment tant d'autres, qui ont les mêmes charges que vous et qui pourtant ne gagnent que 2 francs, peuvent pourvoir aux nécessités de la vie avec ce faible gain ; ceux-ci ne comprennent pas, à leur tour, comment leur voisin peut nouer ensemble les deux bouts de la semaine avec un salaire moindre encore ; et cependant, bon an, mal an, on atteint à peu près le même résultat. Pourquoi ? Parce que, malgré soi, on fait toujours selon ses moyens. Plus l'on gagne, plus l'on dépense. Comparez deux ouvriers également honnêtes, également sobres, ayant des charges analogues, l'un d'eux gagnant 3 francs et l'autre 2 seulement : il est à peu près certain que l'un comme l'autre arriveront au bout de l'année sans posséder un centime de plus que lorsqu'ils l'auront commencée.

A quoi faut-il attribuer cette circonstance, qui n'est pas un accident, un fait isolé, mais qui présente un caractère presque général ? A l'insouciance du lendemain.

Cette insouciance, dira-t-on, après tout, est une si bonne chose ! L'existence du travailleur est si misérable qu'il doit être heureux de l'oubli d'un avenir qui ne se présente à sa pensée que sous les plus sombres couleurs. Mais aussi combien les conséquences de cet oubli ne sont-elles pas cruelles, lorsque le malheur vient le frapper? Combien ne doit-il pas se repentir alors de ne pas avoir songé au lendemain?

Dans un ménage d'ouvriers, l'économie dépend surtout de la femme : c'est elle qui est l'âme du foyer domestique ; c'est à elle qu'appartient plus particulièrement le soin de compter avec le lendemain ; le devoir de régler les dépenses d'après les recettes ; de maintenir, dans son intérieur, l'ordre sans lequel il n'y a point d'économie possible ; et par ordre nous n'entendons pas seulement l'abstinence de dépenses inutiles, mais encore l'arrangement, la propreté de sa maison, de sa personne, de ses enfants, conditions qui ont un si grand pouvoir pour retenir le mari au logis dans des moments de loisir que tant d'autres vont passer au cabaret. Lorsque ces qualités manquent chez sa ménagère, c'est en vain que l'ouvrier multipliera ses efforts et ses travaux : il ne sera jamais plus avancé un jour que l'autre, gagnât-il même un très-fort salaire. Au contraire, si un malheur le frappe, si les maladies, un accident ou le chômage viennent le visiter, il sera d'autant plus malheureux, qu'il aura vécu jusqu'alors avec plus de facilité.

Aussi, camarades, ne sauriez-vous jamais vous montrer assez prudents dans le choix de votre compagne. Prenez-la pauvre, mais honnête, courageuse, économe. Ces qualités sont indispensables non-seulement pour assurer la paix du ménage, mais encore pour prévenir une détresse qui doit inévitablement vous atteindre en vivant au jour le jour.

Quelque faible que soit le chiffre de votre gain, quelques limitées que soient vos ressources, que celles-ci soient toujours la mesure rigoureuse de vos dépenses ; efforcez-vous de ne point faire de dettes, et évitez surtout de ne pas contracter l'habitude d'acheter vos denrées à crédit pour ne les payer qu'à la fin de la semaine. Payer pour payer, il vaut mieux avoir ses coudées franches et se pourvoir là où l'on peut se procurer, aux meilleures conditions, ce qui est indispensable à l'existence. En achetant *à la semaine,* comme la majeure partie des ouvriers sont malheureusement accoutumés à le faire, vous vous mettez complétement à la discrétion du marchand détaillant, qui semble vous faire l'aumône, tout en vous faisant payer souvent le double de ce que vaut la marchandise qu'il vous débite. Bon ou mauvais, vous devez tout prendre chez lui, et quoique sachant qu'il trompe sur la quantité et la qualité des denrées qu'il fournit, vous n'osez réclamer dans la crainte qu'il ne vous accorde plus de crédit. Il n'y a pas de pire sujétion, et une fois qu'on est entré dans cette voie, il est bien difficile d'en sortir! Pourtant, un peu de prévoyance et d'arrangement à cet égard n'est pas chose si difficile, surtout dans les temps ordinaires. Il s'agit seulement de se constituer une avance de huit à quinze jours. Cinquante centimes d'économie chaque semaine, vous mettront à même, au bout de trois à six mois, de réaliser ce que l'habitude vous fait considérer comme un problème insoluble.

L'économie, chez l'ouvrier, ne consiste pas seulement dans l'épargne proprement dite, mais encore dans la manière d'administrer son ménage, dans le choix de son logement, de ses meubles, de ses vêtements, dans leur entretien et leur réparation en temps utile. Car, comme on l'a dit avec raison, réparer à propos un objet qui commence à se détériorer, n'est-ce pas en prolonger les services et la durée, et, par suite, éviter des occasions de dépenses fréquentes? Il y a donc un grand avantage économique à savoir à propos recoller un papier qui se déchire, réparer un morceau de boiserie qui se détache, remettre une vis ou un clou qui manque, consolider un meuble ou un ustensile qui commence à se détériorer et y remplacer une pièce détruite par la vétusté ou un accident. Ces divers points incombent plus particulièrement au chef de famille.

Sa ménagère a surtout dans ses attributions ce qui concerne l'entretien et la réparation du linge et des vêtements. Une bonne mère de famille doit savoir confectionner ses effets et ceux de ses enfants, et, dans ce but, ne pas négliger de faire entrer les travaux d'aiguille dans l'éducation de ses filles.

Ne l'oubliez point, amis, ce sont ces mille petits riens, dont vous négligez peut-être trop souvent les détails, qui procurent une véritable économie et constituent même l'aisance chez l'ouvrier. Appliquez-vous à les mettre en pratique; efforcez-vous de persister dans cette voie sage et vraiment féconde. Croyez-le bien, leurs bons effets ne tarderont pas à se faire sentir, et chaque jour vous prouvera que l'ordre et l'économie sont les principales garanties de la paix du cœur et du ménage, tout comme ils constituent le véritable fondement du bonheur pour l'ouvrier.

FIN.

Table des Matières.